Reden für familiäre Anlässe

Rembert von Samson

Reden für familiäre Anlässe

Mit Praxistipps und Redner-Schule

FALKEN

INHALT

Vorwort

„Ich würde mich freuen, wenn du auf dem Fest eine Rede hältst." Könnten Sie sich einer solchen Bitte verschließen? Wahrscheinlich werden Sie nach dem ersten Schreck spontan und geschmeichelt „Ja" sagen. Dann rückt der Termin immer näher und der Gedanke daran löst zunehmend Herzklopfen aus. Weil Sie vielleicht noch nie eine Ansprache gehalten und auch noch keine Idee davon haben, was Sie sagen könnten, würden Sie Ihre Zusage am liebsten zurücknehmen. Kommt Ihnen diese Situation bekannt vor?

Dabei ist es gar nicht so schwer, eine Rede zu halten. Wenn man gut vorbereitet ist und einige Regeln beachtet, kann jeder auch vor einem größeren Publikum sprechen, ohne in eine peinliche Situation zu geraten.

Der erste Teil dieses Buches verrät Tipps und Tricks, die beim Redenschreiben und Redenhalten helfen. Wo man Ideen und Anregungen, wie man den richtigen Einstieg für seine Ansprache findet, Hauptteil und Schluss formuliert. Wie das Zusammenspiel von Sprache, Körpersprache, Gestik und Mimik funktioniert. Wie man Lampenfieber in den Griff bekommt und sich nicht aus der Ruhe bringen lässt.

Im zweiten Teil folgen etwa 50 Reden für große und kleine private Anlässe. So, wie sie ein Brautvater bei der Hochzeit der Tochter, eine Patentante bei der Konfirmation, der Sohn beim 75. Geburtstag des Vaters halten könnte. Diese Musterreden kann man – nach Anpassung an die persönlichen Umstände – nachsprechen oder auch als Anregung für eine maßgeschneiderte Ansprache nutzen, die unverkennbar Ihrem Stil entspricht. Und diese Beispiele sollen Sie ermutigen, öfter mal das Wort zu ergreifen.

Damit Sie kein Herzklopfen bekommen, wenn es wieder einmal heißt: „Ich würde mich freuen, wenn du auf dem Fest eine Rede hältst."

Rembert von Samson

Die Rede – so starten Sie

Die Vorbereitung

Eine gründliche Vorbereitung ist schon die „halbe Miete“ für eine gute Rede. Jeder, auch der geübteste Redner, kommt in Schwierigkeiten, wenn er sich vorher nicht intensiv mit seinem Thema beschäftigt hat. Zum Glück haben wir dafür fast immer genügend Zeit, denn die Rede zu einer bevorstehenden goldenen Hochzeit oder zu einer Taufe kommt selten überraschend – solche Daten sind lange im Voraus bekannt. Man kann sich also in Ruhe darauf einstellen und sich rechtzeitig Gedanken machen.

Was Sie sich als Erstes fragen müssen:

Wer hört zu?

Wer sind meine Zuhörer? Das können der kleine familiäre Kreis, die Familie und Freunde oder ein großes Publikum mit offiziellen Gästen sein.

Wo rede ich?

Wo werde ich reden? Zu Hause im Wohnzimmer, in einem Restaurant, im Festsaal?

Warum rede ich?

Was ist meine Rolle? Bei Hochzeiten zum Beispiel könnten Sie als Vater der Braut, als Trauzeuge oder Freund der Familie sprechen.

Wie rede ich?

Was wird von mir erwartet? Halte ich die offizielle Festrede, spreche ich persönliche Worte oder bringe ich eine heitere Stimmungsrede?

Bei Reden zu privaten Anlässen handelt es sich in den meisten Fällen um einen Glückwunsch, beispielsweise zum Geburtstag, zu einem Jubiläum oder zur Hochzeit. Denkbar ist aber auch, dass ein Vater dem Sohn oder der Tochter nach dem Abitur, dem Abschluss der Berufsausbildung oder aus ähnlichen Anlässen etwas von seiner Lebenserfahrung mit auf den Weg geben möchte.

Ein besonderer Fall sind Trauerreden, bei denen es um die Würdigung des Toten und Trost für die Hinterbliebenen geht. Gerade wenn man persönlich betroffen ist, fällt es einem besonders schwer, die richtigen Worte zu finden. Verzweifeln Sie also nicht, wenn Sie bei der Vorbereitung einer Rede merken, welche Schwierigkeiten es Ihnen bereitet, Ihre Gefühle ehrlich auszudrücken. Die Trauergäste werden Ihre Rede auf jeden Fall honorieren, denn sie merken, wie schwer das ist.

Erfüllen Sie die Erwartungen Ihrer Zuhörer!

Grundsätzlich gilt für alle Reden: Gehen Sie auf Ihr Publikum ein. Versuchen Sie schon während der Vorbereitung auszuloten, was die Zuhörer von Ihnen erwarten. Ein Vater wird zur Hochzeit seiner Tochter ganz andere Dinge ansprechen als ein naher Verwandter. Und eine Rede vor offiziellen Gästen fällt sicherlich formeller aus als eine Ansprache im privaten Kreis.

Bei einer Rede aus privatem Anlass, etwa bei einem runden Geburtstag, wird sich die Ansprache mehr an Herz und Gefühl und weniger an Intellekt oder Sachverstand richten.

Fassen Sie sich kurz!

Als Faustregel gilt das alte Sprichwort: In der Kürze liegt die Würze. Das macht eine Rede prägnanter und somit einprägsamer.

Reden Sie ehrlich!

Scheuen Sie sich nicht vor tiefen Empfindungen wie Liebe oder Rührung. Dabei sollten Sie aber nicht übertreiben. Wählen Sie lieber schlichte Worte, bilden Sie einfache, verständliche Sätze. Das wirkt viel ehrlicher als übertriebenes, feierliches Pathos, das leider immer wieder viele Reden zu festlichen Anlässen prägt und unglaubhaft wirkt.

Von der Stoffsammlung zum roten Faden

Wenn Sie ungefähr wissen, was Sie in Ihrer Rede sagen und was Sie mit ihr bewirken wollen, dann sind Sie schon einen wesentlichen Schritt weiter. Sie haben Ihr Redeziel gefunden, zum Beispiel zur guten Stimmung beitragen, die Bedeutung der Taufe aus Ihrer persönlichen Sicht darstellen, Leistungen würdigen oder an wichtige Ereignisse erinnern. Jetzt beginnen Sie mit der Stoffsammlung. Suchen Sie gezielt nach Einzelheiten, von denen Sie glauben, dass sie speziell für Ihre Rede von Bedeutung sein könnten.

Fangen Sie so früh wie möglich an mit der Material-Sammlung. Schreiben Sie alles auf, was Ihnen zu Ihrem Thema einfällt: Begebenheiten, Anekdoten, persönliche Erlebnisse. Am besten notieren Sie jeden Stichpunkt auf einem neuen Blatt Papier, damit Sie später leicht Ergänzungen nachtragen können. Schauen Sie außerdem in einem Zitatenlexikon oder in anderen einschlägigen Werken nach, was dort zu Ihrem Thema angeboten wird. Bewährt haben sich Büchmanns „Geflügelte Worte“ (Ullstein Verlag), der Duden-Band „Zitate und Aussprüche“, die Sammlung „Das treffende Zitat“ (Ott-Verlag), „Das Buch der Zitate“ (Moewig Verlag) oder „Reclams Zitaten Lexikon“. Solche Bücher findet man zum Beispiel in der Stadt- oder Gemeindebibliothek oder in der Bücherei der Kirchengemeinde.

Sammeln Sie alles zum Thema!

Sie werden bald etwas Erstaunliches feststellen: Wenn Sie sich intensiv mit einem Thema befassen, erhalten Sie plötzlich von allen Seiten Hinweise – mal durch eine Zeitungsmeldung, mal durch eine Fernsehsendung, mal durch ein Gespräch unter Kollegen. Was Ihnen wichtig erscheint – zum Beispiel Formulierungen, die Ihnen besonders gut gefallen –, schreiben Sie auf einen Notizzettel und legen ihn zu den übrigen. Genauso verfahren Sie mit Ideen, die Ihnen unterwegs, am Arbeitsplatz oder kurz vor dem Einschlafen kommen. Notieren Sie alles, auch wenn Sie später einiges davon wieder wegwerfen. Denn nichts ist ärgerlicher, als sich an eine besonders zündende Formulierung nicht mehr genau erinnern zu können.

Schreiben Sie gute Formulierungen sofort auf!

So entsteht nach und nach eine – vorläufig noch ungeordnete – Stichwortsammlung, aus der Sie nun Ihre ganz persönliche Rede zusammenstellen – eine Rede, wie nur Sie selbst sie halten können.

Einige Regeln für eine erfolgreiche Rede

Eine Rede besteht normalerweise aus drei Bausteinen. Nach der Anrede soll die Einleitung wie eine Rutschbahn funktionieren, auf der das Publikum sanft zum Kern der Rede gleitet. Im Hauptteil geht es um das eigentliche Anliegen des Redners, sein Ziel. Und zum Schluss sollte es noch einmal spannend werden. Das erreichen Sie zum Beispiel durch einen Scherz. Ein Lacherfolg als Ausklang erzeugt bei den Zuhörern eine positive Stimmung und Sie und Ihre Ansprache bleiben so in guter Erinnerung.

Die Anrede

Denken Sie an die Ehrengäste!

Die richtige Anrede hängt von Ihrer Rolle als Redner und vom Publikum ab, zu dem Sie sprechen. Sind Sie beispielsweise der Gastgeber und sind zu Ihrem Fest Ehrengäste wie Bürgermeister, Pfarrer oder Vereinspräsident erschienen, müssen Sie diese Personen extra begrüßen. Damit Sie niemanden vergessen, sollten Sie die Begrüßung ausformuliert aufschreiben. Etwa so: „Sehr geehrter Herr Bürgermeister, sehr geehrter Herr Pfarrer, liebe Verwandten und Freunde, vor allem aber: liebes Brautpaar …“

Sprechen Sie lieber ein oder zwei Gäste mehr als notwendig mit Namen an, bevor Sie jemanden vergessen und dadurch womöglich verärgern.

Wenn Sie sich als Gast nach den offiziellen Ansprachen bedanken möchten oder als Patenonkel bei der Hochzeit die dritte Festrede halten, müssen Sie nicht alle Honorationen noch einmal begrüßen. Weniger formell darf die Anrede natürlich auch sein, wenn Sie zu einem vertrauten Publikum wie zu Ihrer Familie oder Ihrem Freundeskreis sprechen.

Keine Floskeln!

Vermeiden Sie in jedem Fall Floskeln wie: „Ich bin gebeten worden, einige Worte zu sagen“, „Ich habe mir mal ein paar Gedanken gemacht, die ich euch mitteilen möchte“ – oder ganz schlecht: „Als

Gastgeber (oder Patenonkel) fühle ich mich verpflichtet, doch ein paar Dinge anzusprechen." Das klingt nicht nur unbeholfen und steif. Es ist stimmungstötend. Ihr Publikum gähnt schon vor Beginn Ihrer Rede, weil Anfänge dieser Art so klingen, als hätten Sie sich Ihre Ansprache „abgequält", und Ihr Publikum muss es nun auch noch ausbaden.

Die Einleitung

Formulieren Sie einen Einstieg, der neugierig macht!

Sie ist das Lasso, mit dem Sie Ihr Publikum einfangen und fesseln. Deshalb sollte die Einleitung Neugier und den Wunsch nach mehr wecken. Sie dürfen natürlich nicht zu viel verraten, sonst verlieren Sie die Aufmerksamkeit Ihrer Zuhörer und die Spannung ist dahin.

Bei Reden zu einem Sachthema können Sie zum Beispiel eine These aufstellen, die Sie im Hauptteil entweder beweisen oder widerlegen. Bei Ansprachen zu Familienfesten werden Sie in der Einleitung meistens nur den Anlass nennen und Ihr Thema oder Ihr Ziel formulieren, beispielsweise jemandem zum runden Geburtstag zu gratulieren.

Versuchen Sie in den Anfang Ihrer Rede (außer natürlich bei Traueransprachen) einen Scherz einzubauen, der wenigstens ein Schmunzeln beim Publikum auslöst. Damit ist dann das Eis gebrochen. Das lockert die Stimmung und man hört Ihnen noch mal so gern zu.

Nicht immer muss man eine Rede mit der Standardformel „Liebe Verwandte/Freunde ..." beginnen. Oft bietet sich an, eine kleine Begebenheit aufzugreifen und die eigentliche Anrede in die Einleitung einzubauen.

Suchen Sie einen originellen Einstieg!

Als der Schauspieler und Regisseur Clint Eastwood in Hollywood für sein Lebenswerk ausgezeichnet wurde, würdigte ihn auch sein Freund, der Komponist und Entertainer Quincy Jones. Er begann seine Rede so: „Ich war 14, als ich ihn zum ersten Mal sah. Wegen seiner Hautfarbe taufte ich ihn damals für mich Rotgesicht. Doch Rotgesicht sage ich schon lange nicht mehr, liebe Freunde. Clint Eastwood ist ein Mann, der so viel Respekt verdient, dass man ihn mit seinem richtigen Namen anspricht. Denn dieser Name steht auf den Meilensteinen der Filmgeschichte." Nach dieser sehr persönlichen Einleitung kam Quincy Jones zum Kern seiner Rede, der Würdigung von Clint Eastwood.

Der Hauptteil

Nach der „Anwärmphase" aus Anrede und Einleitung kommen Sie jetzt zum Kern Ihrer Rede, zu Ihrem eigentlichen Anliegen. Bauen Sie auf dem auf, was Ihr Publikum von Ihnen schon in der Einleitung erfahren hat. So spinnen Sie für sich und Ihre Zuhörer einen roten Faden, an dem sich alle orientieren können.

Halten Sie kein Referat!

Denken Sie daran, dass Ihre Rede nicht zu sachlich klingen sollte, Sie sprechen schließlich in den meisten Fällen aus einem geselligen Anlass zu Verwandten und Freunden. Lassen Sie sich dabei von Ihrem Herz und von Ihrem Gefühl leiten. Hüten Sie sich aber gleichzeitig davor, zum Beispiel dem Geburtstagskind übertrieben viel Honig um den Bart zu schmieren und werden Sie nicht zu weitschweifig.

Stellen Sie Fragen! Antworten Sie selbst!

Rhetorische Fragen können bewusst als Stilmittel eingesetzt werden. Sie beteiligen so die Zuhörer an Ihrer Rede, auch wenn das Publikum diese Fragen nicht beantwortet. Bei einer Ansprache zu einer Silberhochzeit könnte man zum Beispiel fragen: „Sind es tatsächlich schon 25 Jahre, die ihr verheiratet seid?" Um dann im nächsten Satz zu antworten: „Mir kommt es vor, als sei eure Hochzeit höchstens zehn Jahre her, so gut kann ich mich daran erinnern." Um eine Tatsache oder eine charakteristische Eigenschaft besonders hervorzuheben, eignen sich Wiederholungen, die das Publikum wie rhetorische Fragen zum Mitdenken anregen und Ihren Ausführungen mehr Gewicht verleihen. Doch Vorsicht: Zu viele Wiederholungen wirken penetrant.

► Bauen Sie in Ihre Ansprache zwischendurch eine lustige Begebenheit ein, an die sich alle gern mit einem Schmunzeln erinnern. Machen Sie einen Scherz, der einen Lacher erzeugt. Das lässt Ihre Rede locker erscheinen, stärkt die Aufmerksamkeit des Publikums und gibt Ihnen ein positives Feedback.
► Und: Konzentrieren Sie sich auf das Wesentliche und werden Sie nicht zu weitschweifig.

Der Schluss

Das Ende der Rede gibt Ihnen Gelegenheit, Ihre Gedanken noch einmal zusammenzufassen. Sie können dann außerdem ein wenig Regie führen und Ihr Publikum auffordern, das Glas zu erheben und mit Ihnen auf das Wohl des Jubilars zu trinken.

Diese wenigen Sätze am Ende einer Ansprache bleiben Ihren Zuhörern am besten im Gedächtnis. Deshalb sollten Sie den Schluss ähnlich wie eine komplizierte Anrede in Ihrem Manuskript ausformulieren und vielleicht sogar auswendig lernen, damit Sie sich auf keinen Fall verhaspeln. Außerdem können Sie zwischendurch noch einmal Augenkontakt zu Ihrem Publikum aufnehmen, ohne Sorge zu haben, zu guter Letzt doch noch den Faden zu verlieren. Übrigens: Ein Lacher zum Abschluss tut nicht nur Ihnen als Redner, sondern auch der Stimmung unter den Zuhörern gut.

Geben Sie Ihren Zuhörern einen Grund für Beifall!

► Kündigen Sie den Schluss Ihrer Rede nicht zu frühzeitig an. Vermeiden Sie Formulierungen wie „Bevor ich nun zum Schluss komme, möchte ich noch sagen …“, denn das erweckt beim Zuhörer das Gefühl: „O Gott, hört der denn nie auf.“ Verzichten Sie auf die Floskel „Herzlichen Dank für Ihre Aufmerksamkeit.“ Der Zuhörer übersetzt das so: „Der Redner ist nur froh, dass bis zum Schluss niemand eingeschlafen ist.“
► Sagen Sie nie zum Schluss: „Mehr habe ich nicht zu sagen.“ Der Zuhörer versteht: „Das glaube ich gern, viel ist ihm sowieso nicht eingefallen.“

Jetzt wird's ernst

Wenn Sie auf einem Fest das Wort ergreifen, erwartet niemand von Ihnen, dass Sie wie ein Polit-Profi gleich eine Viertelstunde lang mit vielen ausgefeilten Worten brillieren und die Gäste unterhalten. Beschränken Sie sich deshalb am besten auf das, was Sie für notwendig halten, dann überstrapazieren Sie Ihr Publikum nicht.

Machen Sie Martin Luthers Worte „Tritt frisch auf, mach's Maul auf, hör bald wieder auf" zu Ihrem Motto.

Alles vom Blatt, Stichworte oder frei sprechen?

Was für Sie richtig ist, das müssen Sie selbst herausfinden. Das hängt auch davon ab, wie geübt Sie als Redner sind. Ein Mensch, der selbstsicher genug ist, wird in vielen Fällen mit Stichworten für seine Rede auskommen. Für jemanden, der nicht so gern im Vordergrund steht, eignet sich eher ein ausformuliertes Manuskript. Völlig frei zu sprechen ist natürlich die eleganteste, aber auch schwierigste Form, eine Rede zu halten. Das setzt große Erfahrung und Talent zum Improvisieren voraus.

Wenn Sie ablesen ...

Für Anfänger und Menschen mit wenig Rede-Erfahrung empfiehlt es sich, die Ansprache Satz für Satz aufzuschreiben. Das hat zwei Vorteile: Zum einen prägt sich leichter ein, was man selbst geschrieben hat. Zum anderen kann man an einzelnen Formulierungen so lange herumfeilen, bis sie einem gefallen und genau das ausdrücken, was man sagen will. Gleichzeitig ist die fertig formulierte Rede eine große Stütze, wenn man während des Festessens ans Glas klopft, sich alle Augen auf den Redner richten und der sein Lampenfieber in den Griff bekommen muss.

Verwenden Sie, wenn Sie Ihre Rede von Anfang bis Ende mit dem Computer aufschreiben, eine möglichst große Schrift und wählen Sie einen nicht zu engen Zeilenabstand, sodass Sie auch im Stehen ohne Mühe die Worte lesen können und die Zeilen nicht verschwimmen. Schreiben Sie groß und deutlich, wenn Sie Ihr Manuskript mit der Hand verfassen. Wenn Sie eine Schreibmaschine benutzen, stellen Sie die Zeilenschaltung am besten auf den größten Abstand. Seien Sie nett zu sich und schreiben Sie nicht über die gesamte Papierbreite. Am einfachsten ist es, wenn Sie die Worte in jeder Zeile mit einem Blick erfassen können.

Schreiben Sie groß und deutlich!

Und, ganz wichtig: Nummerieren Sie die Seiten. Nichts ist verheerender für einen Redner, als wenn er mitten in seiner Ansprache stockt und damit anfangen muss, sein Manuskript neu zu ordnen.

Unterstreichen Sie Worte und Passagen, die Sie besonders betonen wollen. Hilfreich sind dabei auch farbige Textmarker. Nutzen Sie den freien Raum am Manuskriptrand, um sich Regie-Anweisungen wie „Stimme heben/senken“, „Wirkungspause machen“ (zum Beispiel nach einer rhetorischen Frage) „Augenkontakt suchen“ oder „Achtung, neuer Gedanke“ zu notieren. Diese Regieanweisungen bewirken, dass die Rede nicht wie vom Blatt abgelesen wirkt.

Heben Sie Betonungen farbig hervor!

Geübtere Redner bevorzugen, sich für ihren Vortrag nur Stichworte zu notieren. Das hat den Vorteil, dass sie während der Ansprache immer wieder Augenkontakt zu ihrem Publikum aufnehmen können. So wird die Wirkung einer Rede deutlich erhöht.

Wenn Sie nur Stichworte aufschreiben …

Für die Rede nach Stichworten eignet sich die Arbeit mit Karteikarten, die man auch leicht benutzen kann, wenn kein Rednerpult oder kein Tisch als Manuskriptablage zur Verfügung stehen. Denken Sie daran, die Karteikarten nicht zu eng zu beschreiben und verwenden Sie am besten für jeden Aspekt Ihrer Rede jeweils nur eine Karte. So bleiben Ihre Notizen übersichtlich. Sie erkennen mit einem Blick, worauf es Ihnen ankommt. Natürlich müssen auch die Karteikarten durchnummeriert sein, damit Sie nicht den Anschluss verlieren. Ähnlich wie beim ausformulierten Redemanuskript können Sie auch auf den Karten die „Regieanweisungen" notieren und sich die wichtigen Punkte farbig markieren.

Beschreiben Sie die Seiten oder Karten Ihres Redemanuskripts immer nur einseitig. Wenn Sie auch nur einmal das Umblättern vergessen, bleiben Sie über kurz oder lang unweigerlich stecken. Wenn Sie zitieren, sollten Sie das Zitat vollständig aufschreiben und Wort für Wort vorlesen.

Im Gegensatz zur übrigen Rede sollten Sie auch bei der Stichwort-Methode Anfang und Schluss Ihrer Ansprache fertig formulieren und sogar auswendig lernen. Das hat den Vorteil, dass Sie Ihre Rede trotz Nervosität und Lampenfieber – darunter leiden selbst geübte Redner – mit Augenkontakt zum Publikum beginnen und beenden können. Das verschafft Ihnen Aufmerksamkeit und gleichzeitig geben Ihnen diese wenigen Sätze die nötige Sicherheit, locker zu sprechen.

Bereiten Sie sich sorgfältig vor!

Wenn Sie frei sprechen wollen und auf ein Manuskript verzichten, müssen Sie sich besonders sorgfältig auf Ihre Rede vorbereiten. Dabei werden Sie sich Notizen machen und sich wahrscheinlich besonders gelungene Formulierungen notieren. Allerdings besteht die Gefahr, dass Sie im entscheidenden Moment Ihr Gedächtnis verlässt und Sie plötzlich ins Stocken geraten. Deswegen eignet sich diese Art zu sprechen nur für Menschen mit großem Selbstvertrauen, die sich nicht so schnell aus der Ruhe bringen lassen und denen immer noch etwas einfällt.

Üben Sie Ihre Rede!

Wenn man eine Ansprache halten will – egal ob vom Blatt, nach Stichworten oder völlig frei – sollte man eines immer tun: vorher ein wenig üben. Am einfachsten und besten ist es, wenn Sie Ihre Rede auf Band sprechen, dann können Sie sich selbst kontrollieren und korrigieren und Sie können besser beurteilen, ob Ihre Ansprache die Wirkung erzielt, die Sie sich wünschen. Oder Sie bitten jemanden, dass er Sie sozusagen abhört und auf kleine Schwächen, falsche Betonungen oder auch unlogische Übergänge oder Schlussfolgerungen aufmerksam macht.

Und hier ein Beispiel für ein Stichwort-Manuskript zum Thema „Richtfest“. Die ausformulierte Rede finden Sie im Kapitel „Besondere Anlässe“.

Lieber Herr Architekt Maier, liebe Handwerker,
liebe Freunde!

„Stein auf Stein, Stein auf Stein, das Häuschen wird bald fertig sein“, haben wir als Kinder immer gesungen. Heute sehen wir, wie das in Wirklichkeit aussieht. Für mich ist es vielleicht viel schöner und spannender als für Sie, meine lieben Richtfestgäste, denn ich bin der Bauherr.

Titel Bauherr gebührt eigentlich der Bank.

Verschuldet bis unter den bekränzten Dachstuhl.

Doch Hoffnung: Immobilienpreise in Hessen zwischen 1997 und 2000 plus 28 Prozent, Saarland und Rheinland-Pfalz plus 16 bzw. 15 Prozent.

Haus wird garantiert wertvoller.

Dank an Architekt Maier für Einhaltung des Kostenrahmens, hat uns teure Extras ausgeredet wie Erker und kompletten Dachausbau.

Dank an Maurer und Zimmerleute.

Termintreue trotz Änderungen.

Dass alles bisher so gut geklappt hat, nehme ich als gutes Omen: Wir werden sicherlich wie geplant einziehen können. Und dann möchte ich wieder mit Ihnen allen feiern.

Ein Kapitel für sich: Körpersprache, Mimik und Gestik, Stimme

Kommunikation geschieht nicht nur mit Worten, sondern auch mit Gesten und durch den Gesichtsausdruck. Und mit Signalen, die der Körper unbewusst aussendet. Selbst die beste Rede verfehlt zumindest einen Teil ihrer Wirkung, wenn die Worte nicht mit Körpersprache, Stimme und Mimik harmonieren. Ein paar einfache Regeln helfen, diese Klippen zu umschiffen.

Die Körpersprache

Es ist wichtig, dass Sie als Redner sich wohl in Ihrer Haut fühlen, damit Sie von vornherein eine positive Ausstrahlung haben. Zum Wohlbefinden gehört die entsprechende Kleidung, die natürlich auch dem Anlass angemessen sein muss. Achten Sie zum Beispiel darauf, dass das Hemd nicht zu eng sitzt, und tragen Sie keine Schuhe, die unangenehm drücken.

Stehen Sie zum Reden auf!

Natürlich können Sie Ihre Rede, wenn der Kreis klein genug ist, auch im Sitzen halten. Doch mehr Selbstvertrauen zeigen Sie, wenn Sie sich für Ihre Ansprache erheben. Das hat außerdem den Vorteil, dass jeder Sie sehen kann und niemand das Gefühl hat, Sie wollten sich verstecken.

Schauen Sie Ihre Zuhörer an!

Bevor Sie starten, schauen Sie noch einmal in die Runde. So stimmen Sie Ihr Publikum freundlich auf die Ansprache ein. Richten Sie Ihren Blick dabei nicht knapp über die Köpfe Ihres Publikums oder gar zur Decke. Bei den Zuhörern kann dann leicht der Eindruck entstehen, als suchten Sie einen Fluchtweg oder müssten Hilfe von Himmel erflehen.

Denken Sie an Ihre Arme und an Ihre Hände!

Redner, die ihrem Publikum offen gegenüber treten, stehen aufrecht und stützen sich allenfalls leicht mit den Fingerspitzen auf dem Tisch ab. Vor der Brust verschränkte Arme vermitteln Zurückhaltung und Abwehr und schaffen Distanz zum Publikum. Die Arme sollten auch nicht neben dem Körper baumeln, denn das wirkt steif. Redner, die ihre Hände auf dem Rücken verschränken und die Beine leicht spreizen, sehen aus wie ein Hauptmann beim Morgenappell vor der Kompanie. In die Hüfte gestemmte Hände machen einen aggressiven Eindruck. Wer die Hände in die Hosentasche steckt, zeigt zweierlei: Ich habe noch etwas, das ich euch nicht geben will, und ich bin unsicher.

Was aber tun mit den Händen? Sie können damit Ihr Redemanuskript oder Ihre Stichwortkarten festhalten. Das gibt Ihnen Sicherheit und Sie haben bei Bedarf auch schnell eine Hand frei, um Ihre Worte mit einer Geste zu unterstreichen (siehe auch unten „Mimik und Gestik“). Falls Sie Ihr Manuskript lieber auf den Tisch legen, sollten Sie die Arme leicht anwinkeln und die Hände auf der Höhe leicht oberhalb des Bauchnabels halten. Dabei nicht die Hände falten, um keinen verkrampften Eindruck zu machen, sondern höchstens leicht verschränken. Eine andere Möglichkeit: Sie stellen sich hinter Ihren Stuhl und legen die Finger locker auf die Lehne.

Stehen Sie ruhig, aber nicht steif!

Versuchen Sie während der gesamten Rede mit beiden Füßen auf dem Boden zu bleiben. Das vermittelt psychisch Halt und gibt Sicherheit. Wenn Sie ständig Ihr Gewicht von einem aufs andere Bein verlagern, entsteht der Eindruck von Nervosität und Unruhe, die sich schnell auf das Publikum überträgt. Noch schlimmer ist es, wenn ein Redner sich vor lauter Nervosität mit einem Fuß das Bein reibt. Das lenkt die Zuhörer ab. Auf keinen Fall sollte man während eines Vortrags auf und ab gehen. In diesem Fall werden die Zuhörer mehr zu Zuschauern, die mit den Augen den „Spaziergang“ des Redners verfolgen und sich nicht mehr auf das Gesagte konzentrieren können.

Suchen Sie zwischendurch immer wieder Augenkontakt mit Ihrem Publikum. Gehen Sie nach Möglichkeit gruppenweise vor und schauen Sie drei, vier Personen gleichzeitig an. Jeder dieser Zuhörer wird dann das Gefühl haben, Sie hätten ganz persönlich zu ihm gesprochen.

Mimik und Gestik

„Reden" Sie auch mit Ihrem Gesicht!

Reden, die mit starrem Gesichtsausdruck gehalten werden, wirken stereotyp und langweilig. Wie in einem normalen Gespräch, in dem Sie auch aus Ihren Gefühlen keinen Hehl machen, sollte bei einer Ansprache auch in Ihrem Gesicht zu lesen sein, was gerade in Ihnen vorgeht. Lächeln Sie, wo ein Lächeln angebracht ist. Oder schauen Sie besorgt und mahnend, wenn es Ihren Worten entspricht. Zur effektvollen Begleitung einer Pointe können Sie noch einen ernsten Gesichtsausdruck spielen, während Ihre Augen bereits lachen.

Unterstützt wird der Gesichtsausdruck durch die Kopfbewegungen, die sich nach der Gemütslage richten. Je nachdem, was Sie gerade ausdrücken wollen, werden Sie den Kopf heben oder senken, Ihren Zuhörern ins Gesicht schauen oder den Kopf fragend zur Seite legen.

Verwenden Sie Gesten sparsam!

Bei einer Ansprache reden selbstverständlich auch immer die Hände mit. Achten Sie einmal bei Übertragungen aus dem Bundestag darauf, wie manche Redner ihre Worte mit Gesten unterstreichen und verstärken. Das ist in vielen Fällen übertrieben und wirkt oft aggressiv und theatralisch. Wenn man aber Gesten sparsam einsetzt, begleiten und ergänzen sie eine Rede ideal. Beobachten Sie sich einmal selbst und Sie werden schnell herausfinden, wie Sie Ihren Redefluss in einem Gespräch durch Gesten wirkungsvoll unterstützen.

Wenn Sie beispielsweise aus den angewinkelten Armen heraus beide Handflächen zeigen, bedeutet das: „Ich habe nichts zu verbergen und sage die Wahrheit.“ Der erhobene Zeigefinger warnt oder weist auf eine Besonderheit hin. Wenn einem etwas nicht passt, macht man eine abwehrende Handbewegung. Die Faust, die sich von oben nach unten bewegt, steht für Nachdruck. Sprechende Hände unterstützen den Redner und seine Ziele.

Hüten Sie sich davor, Mimik, Gesten und Betonungen zu übertreiben. Sie werden sonst leicht unfreiwillige Heiterkeitserfolge erzielen.

Die Stimme

Sprechen Sie laut und deutlich, aber natürlich!

Von der Stimme hängt die Wirkung des gesprochenen Wortes natürlich in besonderem Maße ab. Deswegen sind die richtige Lautstärke, die sorgfältige Betonung und deutliche Aussprache überaus wichtig. Man sollte generell versuchen, bei einer Rede in tieferer Stimmlage zu sprechen, ohne allerdings seine Stimme zu verstellen. Denn wenn man aufgeregt ist – und das sind die meisten, die eine Rede halten – wird die Stimmlage automatisch höher. Das sollte man sich jedes Mal, bevor man das Wort ergreift, klarmachen.

Wärmen Sie Ihre Stimme auf!

Bevor Sie Ihre Rede halten, sollten Sie Ihre Stimmbänder ölen wie ein Opernsänger, der sich vor der Aufführung einsingt. Räuspern Sie sich ein wenig, um den Hals frei zu machen. Summen Sie leise vor sich hin und werden Sie dabei immer tiefer. Keine Angst, das merkt kein Mensch. Wenn Sie kurz vorher mit Ihrem Tischnachbarn noch ein Gespräch führen, erfüllt das den gleichen Zweck. Um sich ständig daran zu erinnern, dass man voll und wohltönend sprechen will, kann man jede Manuskriptseite mit einem farbigen Punkt oder einem Ausrufezeichen versehen. Falls Sie völlig frei reden, können Sie ein Salzfass, die Espresso-Tasse oder das Feuerzeug so vor sich hinstellen, dass Sie jedesmal, wenn Ihr Blick darauf fällt, an Ihre Stimmlage erinnert werden. Das darf aber nicht dazu führen, dass Sie monoton sprechen. Eine Rede, die ohne Betonung vorgetragen wird, wirkt wie schlecht auswendig gelernt und heruntergeleiert und sie ermüdet die Zuhörer. Man gerät dabei auch leicht in Versuchung, viel zu schnell zu sprechen, was dann beim Publikum den Eindruck hinterlässt, der Redner erfüllt nur eine unangenehme Pflicht.

Denken Sie ans Atemholen!

Wer schnell redet, beginnt zu nuscheln und kommt schnell außer Atem. Deshalb sollten Sie nicht vergessen, während des Sprechens Pausen zum Atemholen zu machen. Und zwar nur da, wo sie auch sinnvoll sind – beispielsweise überall dort, wo ein Nebensatz beginnt.

Pausen sind aber nicht nur zum Atemholen wichtig. Sie sind ein wichtiges Stilmittel, um eine Passage besonders auf das Publikum wirken zu lassen. Als sogenannte Wirkungspause fördern sie die Aufmerksamkeit der Zuhörer und beteiligen sie gewissermaßen an Ihren Gedankengängen.

Machen Sie wirkungsvolle Atempausen!

Ob Sie Wirkungspausen an den richtigen Stellen machen, ob die Betonung stimmt und Sie klar und deutlich sprechen, das können Sie am besten kontrollieren, wenn Sie Ihre Rede ein oder besser zwei Tage vor dem Ereignis auf Tonband aufnehmen. Dann können Sie noch ohne Zeitdruck korrigieren und feilen. Oder bitten Sie Ihren Partner, sich anzuhören, was Sie in Ihrer Rede zu sagen haben und wie Sie sie vortragen. Und seien Sie nicht böse, wenn Ihr Partner Verbesserungsvorschläge hat. Vielleicht sagt er Ihnen ja auch, wie fabelhaft er Ihre Rede findet.

Redetraining

Ähnlich wie man für eine Sportart immer wieder trainieren muss – beispielsweise für das scheinbar einfache Golf –, so sollte man auch das Reden üben. Dabei braucht man es sich natürlich nicht so schwer zu machen wie der große griechische Redner Demostenes (384–322 v. Chr.), der einen Sprachfehler hatte und seine Stimme stärken wollte: Demostenes steckte sich einen Kieselstein in den Mund, ging an den Strand und schrie gegen die Meeresbrandung an.

So gewinnen Sie Sicherheit

Auch Reden kann man üben!

Ergreifen Sie bei jeder sich bietenden Gelegenheit das Wort. Verstecken Sie sich zum Beispiel nicht bei Diskussionen oder bei Konferenzen in der sprachlosen Menge. Trauen Sie sich ruhig, Ihre Meinung zu sagen – auch wenn sich alle Augen auf Sie richten und Sie sich unsicher fühlen. Sie werden bald merken, dass man Ihnen aufmerksam zuhört. Grundsätzlich nicht anders, aber eher entspannter ist die Situation, wenn Sie eine Rede im privaten Kreis halten.

Das Trainingsprogramm

- *Lesen Sie Ihrem Partner aus der Zeitung oder aus einem Buch vor, das Sie beide interessiert.*
- *Erzählen Sie nach, was Sie in der Zeitung gelesen, im Fernsehen gesehen oder tagsüber erlebt haben. Machen Sie sich Stichworte und sprechen Sie diese Zusammenfassung frei.*
- *Suchen Sie sich Themen, in denen Sie sich gut auskennen, und arbeiten Sie eine Rede aus mit Einleitung, Hauptteil und Schluss. Dazu eignet sich zum Beispiel Ihr Lebenslauf.*

▶ *Nehmen Sie Ihre Übungen so oft wie möglich mit Tonband auf, damit Sie kontrollieren können, was Sie an Ihrer Art zu reden noch verbessern müssen. Bitten Sie Ihren Partner, Ihnen dabei zu helfen.*

▶ *Lernen Sie aus Bundestagsdebatten, wie die Redner ihre Reden aufbauen, Wirkungspausen, Gesten und Mimik einsetzen.*

▶ *Nutzen Sie die Fahrten zur Arbeit und nach Hause und machen Sie im Auto Sprechübungen, indem Sie immer wieder die Vokale „A", „E", „I", „O", „U" laut und deutlich sprechen. Oder Wortspiele wie „Fischers Fritz isst frische Fische" und „20 Zwerge zeigen Handstand – 10 im Wandschrank, 10 am Sandstrand". Oder die Silbe „So" lang und gedehnt sprechen. Wiederholen Sie die Übungen immer wieder mit den unterschiedlichsten Betonungen.*

Tipps für den Ernstfall

Wenn Sie sich einmal versprechen oder stecken bleiben ...

Fürchten Sie sich nicht vor Versprechern. Selbst den geübtesten Rednern unterlaufen Fehler. Auch bei kleineren Schnitzern in der Grammatik müssen Sie nicht gleich den ganzen Satz von vorn beginnen. Gröbere Fehler sollten Sie jedoch korrigieren.

Wesentlich unangenehmer als ein gelegentlicher Versprecher ist es, wenn man mitten in der Rede den Faden verliert und stecken bleibt. Bewahren Sie trotz verständlicher Aufregung Ruhe und atmen Sie tief durch.

Suchen Sie nicht krampfhaft nach dem roten Faden, sondern fassen Sie noch einmal zusammen, was Sie zuletzt gesagt haben. Mit ein wenig Glück können Sie dann den roten Faden wieder aufnehmen. Machen Sie eine kurze Pause, schauen Sie in Ihre Notizen und überprüfen Sie Ihre letzten drei Stichpunkte. Falls Sie den Faden dennoch nicht wiederfinden, gehen Sie zum nächsten Stichwort über.

Tricks gegen das Lampenfieber

Herzklopfen, feuchte Hände, trockener Mund, ein mieses Gefühl im Magen und der Wunsch wegzulaufen – das sind die typischen Anzeichen von Lampenfieber. In einer Umfrage haben immerhin 58% der Befragten zugegeben, dass sie regelmäßig unter Lampenfieber leiden, wenn sie eine Rede halten sollen. Vermutlich liegt die Zahl derer, die sich vor ihrem Auftritt fürchten, aber noch deutlich höher. Was kann man dagegen tun?

Beruhigen Sie sich durch eine gute Vorbereitung!

Wenn vor Ihrer Rede Panik aufkommt: Besinnen Sie sich darauf, dass Sie gründlich vorbereitet sind. Es kann also gar nichts schief gehen.

Machen Sie sich klar, dass sich Ihr Publikum aus einzelnen Menschen zusammensetzt. Jedem von ihnen würden Sie Ihr Anliegen im Gespräch ja auch ohne Lampenfieber vortragen können.

Lockern Sie Verkrampfungen, indem Sie ein paar Mal alle Muskeln für einen Moment fest anspannen und langsam wieder entspannen.

Zwei, drei Minuten bevor Sie sich zu Wort melden, können Sie sich – von Ihrer Umgebung unbemerkt – mit Atemübungen beruhigen. Spannen Sie die Bauchmuskeln an, pressen Sie die Ellbogen an den Körper und atmen Sie unhörbar bei leicht geöffnetem Mund aus. Versuchen Sie zwischen jeweils fünf Atemzügen nacheinander die Gesichtsmuskeln, dann Arme, Bauch und Beine zu entspannen.

Nachdem Sie ans Glas geklopft und aller Aufmerksamkeit auf sich gelenkt haben, beginnen Sie nicht sofort mit Ihrer Rede, sondern Sie blicken in die Runde Ihrer Zuhörer und atmen noch einmal ruhig durch.

Gegen den vor Lampenfieber trockenen Mund hilft ein Glas Wasser, das Sie vorsorglich vor sich hinstellen. Falls es wirklich nötig ist, können Sie zwischendurch ruhig einmal einen Schluck trinken.

Übrigens: In den meisten Fällen bemerken Ihre Zuhörer gar nicht, wie sehr Sie das Lampenfieber beutelt.

Keine Panik: Die spontane Rede

Vor dieser Situation ist niemand gefeit. Bei einem Fest wird man plötzlich aufgefordert mit den Worten „Willst du nicht noch etwas dazu sagen …". Natürlich, Sie können ablehnen. Aber wollen Sie zugeben, dass Sie tatsächlich nichts zu sagen haben und damit vielleicht die schöne Stimmung verderben? Und: Es kann doch auch vorkommen, dass Ihnen, angeregt durch die Situation, spontan etwas einfällt, was Sie unbedingt loswerden möchten.

Nobody is perfect!

Zugegeben, auf eine Rede aus dem Stegreif kann man sich schlecht vorbereiten. Doch auch für diesen Fall gibt es ein paar kleine Tricks.

- *Sie greifen auf, was Ihre Vorredner bereits angesprochen haben, und spinnen den Faden einfach weiter.*
- *Suchen Sie sich eine Art Marktlücke, einen Aspekt, über den noch kein Redner gesprochen hat. Erzählen Sie eine – den anderen Gästen noch unbekannte – Anekdote aus dem Leben des Geburtstagskinds. Oder Sie beschreiben aus Ihrer Sicht, welche Gefahren der Ehe von Ines und Klaus drohen: Weil zum Beispiel Ines ihren Klaus morgens mit den Worten aus dem Bett treibt: „Aufstehen, wir wollen doch Direktor werden."*
- *Die sicherste Methode: Sie beschreiben die Situation, in der Sie sich gerade befinden. Das kann das dem Jubilar angemessene Fest sein oder wie wunderbar Sie es finden, dass die Familie endlich wieder einmal vereint ist, oder wie viel Freude es macht, mit den Menschen zu feiern, die hier gerade versammelt sind.*

Gönnen Sie sich einen ruhigen Moment vor Ihrer Rede!

Bevor Sie beginnen, atmen Sie noch einmal tief durch und gönnen Sie sich einen Augenblick der Sammlung.

Die Stegreifrede hat einen beruhigenden Vorteil: Niemand erwartet von Ihnen eine perfekte Ansprache. Das Publikum verzeiht gerne, falls Sie sich verhaspeln sollten.

Übrigens: Man kann spontane Reden ein wenig trainieren. Hören Sie bei Ansprachen genau zu und fragen Sie sich „Was vermisse ich noch? Was könnte ich ergänzend dazu sagen?“ Als Sparringspartner sind auch Kommentare im Radio oder Fernsehen geeignet. Versuchen Sie, hierzu spontan Ihre Zustimmung oder Ablehnung in einer kurzen Ansprache zu formulieren.

Ergreifen Sie auch spontan das Wort!

Der besondere Fall: Die Trauerrede

Wer schon einmal einen Kondolenzbrief geschrieben hat, der weiß, wie schwer es ist, die richtigen Worte bei einem Todesfall zu finden. Man will sein Mitgefühl ausdrücken, Trost spenden und den Toten würdigen, greift dabei aber leicht zu salbungsvollen Worthülsen. Um das bei einer Trauerrede zu vermeiden, müssen Sie sich besonders gut vorbereiten.

Bitte keine Floskeln!

- *Richten Sie Ihre Ansprache an die Hinterbliebenen und nicht an den Toten. Sagen Sie ihnen, dass Sie mit ihnen trauern.*
- *Erzählen Sie von der letzten Begegnung mit dem Verstorbenen.*
- *Sagen Sie den Angehörigen, was Ihnen der Tote bedeutet hat. Wie wichtig er für Sie war und was Sie von ihm gelernt haben.*
- *Zeichnen Sie ein Bild des Verstorbenen, so wie es sich Ihnen eingeprägt hat. Würdigen Sie seine Verdienste im privaten oder beruflichen Bereich, je nachdem, woher und wie gut Sie den Toten kannten.*
- *Bieten Sie den Hinterbliebenen zum Schluss Ihrer Rede Ihre und die Hilfe der Freunde an. Geben Sie ihnen das Gefühl, mit ihrem Schmerz nicht allein zu sein und den Beistand und ihren Kummer zu teilen.*

Ihre Rede gilt den Hinterbliebenen.

Etwas anders als wir gedenken die Amerikaner ihrer Verstorbenen. Dort werden keine vorbereiteten Reden am offenen Grab oder später beim Imbiss in einem Lokal gehalten. In den USA trifft sich die Trauergemeinde in der Kirche, in einem Lokal oder Privathaus. Jeder, der den Toten ehren möchte, kann dort das Wort ergreifen. Dabei handelt es sich in aller Regel um wenige Sätze über Begegnungen und Gespräche mit dem Verstorbenen, die für den Erzähler von besonderer Bedeutung sind. So entsteht auf freundliche und feierliche Art ein facettenreiches und eindrucksvolles Bild des Toten aus vielen persönlichen Mosaiksteinchen.

So nutzen Sie die Reden

Musterreden: Anregung für eigene Texte

► Bei den folgenden Reden handelt es sich um Beispiele, die Sie als Leser anregen und ermuntern sollen, eine Rede mit ihren eigenen Worten zu verfassen und zu halten. Einzelne Abschnitte daraus könnten Sie allerdings auch übernehmen, andere ihrem Anlass entsprechend umschreiben.

► Damit Sie besser kalkulieren können, wie lange diese Reden im Ernstfall dauern, finden Sie eine Zeitangabe im grauen Kasten über jeder Rede, der Sie auch über andere Vorgaben informieren soll.

Gliederungshinweise und Regieanweisungen

► Den Aufbau der Reden können Sie anhand der Stichworte am Rand verfolgen. In den grauen, eingerückten Kästen finden Sie Regieanweisungen für den Redner – Handbewegungen, Wirkungspausen usw. Wenn beispielsweise eine Pause nach einem bestimmten Wort eingeschoben werden soll, dann führt eine Linie vom Kasten zu dieser Textstelle.

Reden für viele Anlässe und manche Gelegenheiten

Taufe

Der Vater spricht über das Taufversprechen

Anlass:	*Taufe des Sohnes*
Ort:	*im Lokal oder zu Hause*
Publikum:	*Paten, Verwandte, Freunde*
Zeitpunkt:	*zwischen Vor- und Hauptspeise*
Stil:	*besinnlich, feierlich, aber auch heiter*
Dauer:	*ca. 4 ½ Minuten*

Liebe Katja, liebe Taufpaten, liebe Familie und liebe Freunde,

In der Einleitung greift der Redner ein gemeinsames Erlebnis auf, bindet so sein Publikum ein.

vorhin in der Kirche, als Bastian so geweint hat, während das Taufwasser über die Stirn lief, da hat er mir richtig Leid getan. Der Eintritt in unsere Welt ist für ein Baby nun wirklich nicht leicht. Aber jetzt schläft unser Täufling tief und fest und hat hoffentlich süße Träume. Und wir haben Zeit, in aller Ruhe die Taufe unseres Kindes zu feiern.

Der Redner weist auf das schlafende Kind.

Heute hat Bastian einen weiteren wichtigen Schritt in seinem bisher so kurzen Leben getan: Er ist in die Gemeinschaft der Christen aufgenommen worden. Katja und ich sind euch, liebe Paten, dankbar für eure Hilfe und Unterstützung dabei.

Überleitung zum Auftrag der Rede

Natürlich hat Bastian diesen Schritt nicht allein getan, das kann er natürlich noch nicht. Deswegen mussten und müssen wir, Paten wie Eltern, ihn dabei unterstützen. Das ist genau die Verantwortung, die wir mit unserem Versprechen vorhin bei der Taufe übernommen haben.

Das klingt vielleicht jetzt etwas dramatisch, ist aber, wie wir aus unserem eigenen Leben wissen, gar nicht so schwer. Es bedeutet doch zunächst nur, dass wir unseren Kindern ein gutes Vorbild geben. Dass wir an unsere Nächsten denken, dass wir unseren Kindern das Leben in der christlichen Gemeinschaft ermöglichen und nicht nur an Weihnachten und zu Ostern in die Kirche gehen. Das ist unseren Eltern gelungen, wir werden das doch auch schaffen, oder?

Wirkungspause nach der rhetorischen Frage, verbunden mit entsprechendem Gesichtsausdruck

Eine wichtige Aufgabe habt auch ihr, liebe Paten, übernommen: sozusagen eine Art von Aufsichtspflicht dem Täufling gegenüber. Ihr werdet, da bin ich ganz sicher, darauf achten, dass es Bastian nach Möglichkeit immer gut gehen wird. Es ist doch wirklich ein wunderschöner Gedanke, dass so viele Erwachsene über sein kleines Leben wachen.

Die Aufgaben der Paten werden erklärt.

Und noch eine wichtige Funktion haben die Paten für Bastian, wie ihr heute schon festgestellt habt und wie ihr es aus eurer eigenen Kindheit und Jugend kennt. Paten sind nicht nur ein Geschenk, für das Patenkind sind sie auch eine Quelle für Geschenke. Das soll natürlich nicht im Vordergrund stehen, ist aber immer eine für die Kinder angenehme Begleiterscheinung.

Nach dem Wortspiel eine Wirkungspause machen

Wichtiger als Geschenke ist Katja und mir, dass ihr ein vertrauensvolles Verhältnis zu Bastian habt. Dass er für seine Probleme, Sorgen und Nöte bei euch immer ein offenes Ohr, Rat und Hilfe findet. Ich weiß es noch aus meiner Jugend: Da gab es schon ein paar Dinge, die ich lieber mit meinem Patenonkel oder meiner Patentante besprochen habe als mit meinen Eltern. Liebe Mama, lieber Papa, wir haben im Nachhinein oft darüber gesprochen und ich bin froh, dass ihr mir das nie übel genommen habt. Für Eltern ist es zugegebenermaßen manchmal eine schwierige Situation festzustellen, dass ihr Kind zu jemand anderem in manchen Angelegenheiten mehr Vertrauen hat als zu ihnen selbst. Aber auf der anderen Seite ist es für sie doch ein beruhigendes Gefühl, dass ihr Kind in jedem Fall nicht allein ist. Dass es – gerade auch bei Problemen mit den Eltern – sich mit einer Art Schiedsrichter beraten kann.

Ausgleichende Handbewegung, verbunden mit entsprechender Mimik

Der Schluss weist gezielt in die Zukunft.

Ich finde, besonders gelungen ist die Zusammenarbeit zwischen Eltern und Paten, wenn unser Täufling eines Tages mal sagen kann: Ich hatte eine schöne Kindheit, weil ich mich immer so geborgen gefühlt habe. Dann, glaube ich, haben wir, Eltern und Paten, unsere Aufgaben glänzend gelöst und unser Versprechen eingehalten. Dass uns dies gelingt, darauf möchte ich jetzt mit euch anstoßen.

Die Großmutter spricht über die Patenschaft

Anlass:	*Taufe einer Enkelin*
Ort:	*im Lokal oder zu Hause*
Publikum:	*Eltern, Paten, Verwandte, Freunde*
Zeitpunkt:	*nach dem Dessert, vor dem Kaffee*
Stil:	*besinnlich, mit heiterem Unterton*
Dauer:	*ca. 3 Minuten*

Liebe Patricia, lieber Ludger, liebe Paten,

Die Einleitung beginnt mit einer Erinnerung und einer Überleitung zur Gegenwart.

es ist ja nun schon eine Weile her, dass wir als Eltern mit dir auf dem Arm, liebe Patricia, ans Taufbecken getreten sind. Der Tag heute hat uns diesen Augenblick wiedergebracht. Eine wunderbare Erinnerung. Dieser Tag zeigt uns Großeltern aber auch, dass ihr unsere Enkelin nach den gleichen Grundsätzen erziehen wollt, wie wir unsere Kinder erzogen haben. Darüber sind wir sehr froh. Denn das beweist, dass wir euch Kindern – offensichtlich auch nach eurer Meinung – den richtigen Weg gezeigt haben.

Erhobener Zeigefinger zur Unterstreichung der Worte

Der Redner erfüllt seinen Auftrag: Bedeutung der Taufe erklären.

Besonders wichtig war uns – und ist euch ebenso – eine christliche Erziehung. Deswegen ist dieser Tag auch so bedeutend für die kleine Juliane, die das große Ereignis bisher so friedlich über sich hat ergehen lassen. Man kann fast sagen: mit Gottvertrauen. Und das wäre ja auch nicht ganz falsch. Natürlich hat *sie* noch keine

Ahnung, was es bedeutet, ein Christ zu sein, in dieser Gemeinschaft zu leben und sich für andere verantwortlich zu fühlen. Eine Eigenschaft, die gerade in Zeiten gefragt ist, in denen Solidarität mit den Schwächeren immer notwendiger wird. Ihr das beizubringen ist jetzt eure Aufgabe als Eltern und Paten. Auf eines allerdings muss ich euch Paten vorsorglich noch aufmerksam machen. Patricias Paten waren für *sie*, wie ich mich gut erinnere, in erster Linie Geschenke-Lieferanten. So, wie das bei Kindern nun mal ist. Die Frage „Hast du mir etwas mitgebracht?" werdet ihr also auch von Juliane noch oft genug hören. Wie ich euch kenne, werdet ihr sie auch immer mit Ja beantworten können. Schließlich wissen wir doch: Kleine Geschenke erhalten die Freundschaft.

Augenkontakt mit den Paten suchen. Wirkungspause nach dem Scherz

Aber irgendwann kommt der Zeitpunkt, da merkt ein Kind, dass Paten viel mehr sind als nur eine Quelle für schöne Geschenke und ein Anlass für nette Ausflüge. Paten sind nämlich wie gute Freunde, die einen wenigstens so lange begleiten, bis man einigermaßen erwachsen ist. Die einem, wann immer nötig, mit Rat und Tat zur Seite stehen.

Überleitung auf den in die Zukunft weisenden Schluss

Auch diese wertvolle Erfahrung hast du, liebe Patricia, mit deinen Paten gemacht. Und es wäre schön, wenn unsere kleine Juliane die gleichen guten Erfahrungen machen kann. So wie ich hoffe und mir wünsche, dass auch sie eines Tages mit ihrem Sohn oder ihrer Tochter am Taufbecken stehen wird. Dann wäre ich gerne wieder dabei.

Ein Pate spricht über den Paten als Freund

Anlass:	*Taufe eines Mädchens*
Ort:	*im Lokal oder zu Hause*
Publikum:	*Eltern, Paten, Verwandte, Freunde*
Zeitpunkt:	*nach dem Hauptgang*
Stil:	*heiter, mit nachdenklichem Unterton*
Dauer:	*ca. 3 Minuten*

Liebe Eltern, liebe Großeltern, liebe Mit-Paten – liebes Patenkind,

Beschwingter Einstieg, der den Anlass des Festes gleich beim Namen nennt

eine Taufe ist immer ein fröhliches Ereignis. Denn es gilt, einen neuen Erdenbürger willkommen zu heißen, der an diesem Tag in die christliche Gemeinschaft aufgenommen worden ist. Die Hauptperson kriegt von diesen Begrüßungsfeierlichkeiten im Allgemeinen selten etwas mit, weil sie die meiste Zeit satt und zufrieden in ihrem Bettchen liegt und schläft. *Auf das Kind weisen* Du bist allerdings eine Ausnahme, du fühlst dich in den Armen deiner Gäste sichtlich wohl und hast gar keine Lust, ins Bett zu gehen.

Übergang zum Hauptteil, das Redeziel wird definiert.

Auch für die Paten ist die Taufe ein schöner und bedeutsamer Tag. Denn an diesem Tag haben die Eltern und die Kirche ihnen dieses Kind anvertraut. Wir Paten haben die Verpflichtung übernommen, die Eltern bei der christlichen Erziehung zu unterstützen und mitzuhelfen, dass aus dem Kind ein verantwortungsbewusster, wohlgeratener Mensch wird. Wir danken euch für das Vertrauen, liebe Eltern, und versichern euch – ich glaube, das kann ich im Namen aller Paten hier sagen –, dass wir uns nach Kräften bemühen werden, dieser Aufgabe gerecht zu werden.

So wie ich eine Patenschaft verstehe, bedeutet sie aber noch mehr als nur diesen erzieherischen Aspekt. Ich hoffe, dass es mir im Laufe der Jahre, wenn unser Patenkind heranwächst, gelingen wird, *sein Freund* zu werden. Oder – besser gesagt – jemand, zu dem es stets mit seinen kleinen und großen Kümmernissen kommen kann.

Auch solchen, oder gerade solchen, mit denen es nicht zu seinen Eltern gehen mag. Bei allem Verständnis und aller Liebe, die ihr eurer Tochter entgegenbringen werdet – ich weiß, dass das der Fall sein wird bei euch –, gibt es doch auch Dinge, von denen Eltern nicht unbedingt etwas wissen müssen. Und die Altersgenossen in der Clique sind vielleicht auch nicht immer die richtigen Gesprächspartner. Manchmal braucht man als Kind oder Jugendlicher auch den Rat von Älteren, ohne dass die gleich den moralischen Zeigefinger heben. So was wie einen wohlwollenden Berater mit etwas mehr Lebenserfahrung, der im Notfall ein paar gute Tipps parat hat.

Abwägende Mimik, Gestik und Stimme, direkte Ansprache der Eltern

Aus eigener Erfahrung weiß ich, wie wichtig das ist. Gerade meinem Patenonkel Peter – ihr kennt ihn alle – bin ich besonders dankbar, dass er mir stets ein solcher Freund gewesen ist. Als kleiner Junge habe ich mit ihm spannende Abenteuer erlebt: Wir haben tolle Bergtouren unternommen, mit ihm war ich zum ersten Mal beim Eishockey und ich durfte mit ihm segeln gehen. Später kamen die langen, intensiven Gespräche dazu. Da hat er mit von seiner Jugend, seinen Abenteuern, seinen Problemen damals erzählt. Dadurch fiel es mir leichter, auch über das, was mich bewegt, mit ihm zu reden. Ich hatte immer das Gefühl, dass er mich wirklich versteht. Vielleicht lag es daran, dass er mich immer als Partner behandelt hat. Er war und ist ein Bilderbuch-Onkel, ein wirklicher Freund.

Es würde mich freuen, wenn Martina in einem oder in allen ihrer Paten so einen Freund findet. Liebe Eltern, ich beglückwünsche euch zu eurer süßen Tochter. Und ich erhebe mein Glas, um mit euch auf ein glückliches Leben dieses Kindes anzustoßen.

Zum Schluss folgt ein Glückwunsch an die Eltern.

Zwei Paten sprechen über ihre Mit-Paten und über Patengeschenke

Anlass:	*Taufe von Zwillingen, Familienfeier*
Ort:	*zu Hause oder im Lokal*
Publikum:	*die Eltern der Täuflinge, die anderen Taufpaten, Verwandte, Freunde*
Zeitpunkt:	*nach dem Hauptgang*
Stil:	*zwischen heiter und sachlich*
Dauer:	*ca. 4 1/2 Minuten (Der Patenonkel eines Kindes beginnt, die Patentante eines anderen setzt fort.)*

Liebe Taufgesellschaft,

Die Einleitung geht auf die augenblickliche Situation ein.

ich habe ja schon einige Taufen erlebt, bin auch schon mehrfacher Patenonkel. Doch so eine Ansammlung von Paten wie bei dieser habe ich noch bei keiner Taufe erlebt. Aber das ist ja auch keine „normale" Taufe, sondern eine Doppel-Taufe. Da kommt dann einiges zusammen an Patenonkeln und -tanten. Das Einzige, was sich hier nicht vervielfacht hat, ist die Zahl der Eltern und Großeltern.

In die Runde weisende Handbewegung, Wirkungspause nach dem Scherz

Überleitung zum Hauptgedanken der Rede

Soweit ich das bisher feststellen konnte, liebe Kathrin, lieber Erik, habt ihr bei den Paten für eure Kinder eine gute Wahl getroffen. Lauter sympathische Leute. Die meisten kenne ich ja. Die anderen werde ich im Laufe der Zeit vielleicht noch ein bisschen besser kennen lernen, denn wir werden uns ja sicher öfter begegnen bei Geburtstagen oder Familienfeiern. Hoffentlich nicht erst wieder zur Konfirmation, wie das leider oft der Fall ist. Das wäre schade.

Es ist nicht nur eine gute, sondern auch eine sehr weitsichtige Wahl für euren Nachwuchs, liebe Eltern. Für alle Schicksalsschläge, für die Sonnenseiten und Prüfungen, die das Leben für sie bereithält, finden eure Kinder einen Experten in ihrem Patenkreis: eine

Lehrerin, eine Krankenschwester, einen Steuerberater, einen Handwerker, einen Reisebürokaufmann, eine Rechtsanwältin ... Was kann da noch schief gehen? Wir sind die Richtigen, um mitzuhelfen, dass aus diesen Kindern etwas wird. Wann immer ihr Hilfe braucht, Kathrin und Erik, zögert nicht, auf uns zurückzugreifen.

So weit der erste Teil dieser Rede. Auf einen anderen – und für die Kinder viel interessanteren Aspekt – wird jetzt Mechthild, Thommys Patentante, eingehen.

Wirkungspause, anschließend einladende Handbewegung in Richtung Patentante

Kurze Einleitung mit einer rhetorischen Frage

Ja, liebe Eltern, liebe Mit-Paten, was könnte das wohl sein? Es geht um das, was mich als Kind immer am meisten an meinen Patentanten und -onkeln interessiert hat, nämlich: Was schenken die mir zu Weihnachten und zum Geburtstag? Das war in meinen Augen ihre Hauptaufgabe. Und es stimmt ja auch: Dafür sind Paten schließlich da – unter anderem.

Meine älteren und jüngeren Geschwister haben das genauso gesehen und wurden wie ich auch immer reichlich bedacht. Neid auf die Geschenke der anderen gab es unter uns selten, dafür waren wir altersmäßig zu weit auseinander.

Bei unseren gemeinsamen Patenkindern ist das eine ganz andere Situation, die sind nun mal alle im selben Alter. Und ich glaube, da müssten wir uns als Paten untereinander oder über die Eltern miteinander verabreden. Denn wir sollten ein bisschen darauf achten, dass die Größenordnungen der Geschenke für die Kinder einigermaßen zueinander passen. Ich wäre auch gegen jede Art von „Aufrüstung“ im Kinderzimmer; ich hoffe, ihr seht das ähnlich.

Ausholende Handbewegung in Richtung der anderen Paten

Zum Schluss noch eine Begründung für das eben Gesagte

Das war jetzt mal ein eher praktischer Aspekt. Aber ich halte das für einen wichtigen Punkt und diesen Tag für den besten Zeitpunkt, ihn zur Sprache zu bringen.

Liebe Kathrin, lieber Erik, liebe Paten, vor allem hoffe ich aber eines: Dass das Leben unsere Patenkinder reich beschenken möge. Mit Glück, Gesundheit und Erfolg.

Konfirmation und Kommunion

Der Vater spricht über die Bedeutung der Konfirmation

Anlass:	*Konfirmation des Sohnes*
Ort:	*im Lokal oder zu Hause*
Publikum:	*der Konfirmand, die Paten, Verwandte, Freunde*
Zeitpunkt:	*zwischen Vor- und Hauptspeise*
Stil:	*besinnlich und feierlich*
Dauer:	*ca. 2½ Minuten*

Lieber Michael,

Einleitung mit Aufzählung von Tatsachen

im Leben gibt es einige wirklich wichtige Tage. Der heutige gehört dazu und ist unter den wichtigen Tagen ein ganz besonders wichtiger. Du hast mit deinem Konfirmanden-Gelöbnis vor der Gemeinde deine Zugehörigkeit zur evangelischen Kirche bekräftigt. Du bist jetzt eines ihrer mündigen Mitglieder. Darüber freuen sich Mama, deine Paten und ich.

Der Hauptteil führt über einen Rückblick zum Redeziel.

Vor rund 14 Jahren hatten wir bei deiner Taufe versprochen, dich als Christ zu erziehen. Bei der Taufe haben wir für dich die Entscheidung übernommen. Wir, deine Eltern und Paten, haben damals für dich entschieden, dass du in der Gemeinschaft der Christen aufwachsen und leben sollst. Ich denke, dies war keine schlechte Entscheidung. Während des Konfirmanden-Unterrichts hattest du nun zwei Jahre lang Zeit, dir darüber klar zu werden, ob du weiterhin der Gemeinschaft der evangelischen Christen angehören möchtest. Mit deinem „Ja“ vorhin in der Kirche hast du dich dafür entschieden.

Wirkungspause am Schluss des Absatzes

Es war die erste wichtige Entscheidung in deinem Leben, die du selbst getroffen hast. Du hast damit auch einen großen Schritt auf dem Weg zum Erwachsenwerden getan, du bist jetzt kein Kind mehr. Mit der Konfirmation hast du nicht nur Rechte bekommen, sondern auch Pflichten in der Gemeinde übernommen. Du darfst am Abendmahl teilnehmen und sollst dich aber auch weiterhin aktiv am Gemeindeleben beteiligen.

Eine weiterführende Erklärung zur Konfirmation

Das Wort Konfirmation ist abgeleitet von dem lateinischen Verb „confirmare", das bedeutet „bestätigen". Damit ist kein einmaliger Vorgang gemeint, sondern es handelt sich um einen immerwährenden Prozess. Durch deine Geisteshaltung, durch dein Handeln bestätigst du immer wieder deine Zugehörigkeit zur evangelischen Kirche und zur Gemeinde. Ich glaube, du empfindest das ähnlich wie ich: Die Gemeinschaft von Gleichgesinnten vermittelt das Gefühl von Geborgenheit. Besonders, wenn es sich um eine von Nächstenliebe getragene Gemeinschaft wie die Kirchengemeinde handelt. Vorhin in der Kirche, bei unserem ersten gemeinsamen Abendmahl, habe ich das wieder gespürt.

Stimme heben, um die Wichtigkeit des Gesagten zu betonen, und mit entsprechender Gestik unterstützen

Es ist vielleicht etwas ungewöhnlich, an diesem Tag einen Konfirmanden um einen Gefallen zu bitten, aber ich tue es trotzdem: Bleib in der Gemeinde so engagiert, wie du es während des Konfirmanden-Unterrichts warst. Es gibt so viele Dinge, bei denen die Gemeinde auch deine Mithilfe gut gebrauchen kann: als Helfer beim Kindergottesdienst beispielsweise, bei der Altenbetreuung, in der Gemeindebibliothek. So kannst du etwas von der Liebe und dem Vertrauen zurückgeben, die dir heute entgegengebracht worden sind.

Schluss mit Glückwunsch verbunden

Lieber Michael, du hast heute eine Entscheidung getroffen, die dein weiteres Leben stark beeinflussen wird. Es war eine gute Entscheidung. Wir alle gratulieren dir herzlich dazu und freuen uns mit dir. Gerade, weil wir wissen, dass es dir mit dem Glauben ernst ist und es dir nicht nur um Geschenke geht. Aber zugegeben: Die sind eine schöne Begleiterscheinung.

Der Großvater spricht über das Drumherum

Anlass:	*Konfirmation des Enkels*
Ort:	*im Lokal oder zu Hause*
Publikum:	*der Konfirmand, die Eltern, die Paten, Verwandte, Freunde*
Zeitpunkt:	*vor dem Dessert*
Ziel:	*den Konfirmanden und die Festgesellschaft fröhlich stimmen*
Stil:	*locker, heiter*
Dauer:	*ca. 4 Minuten*

Lieber Charly,

Einleitung mit heiter beschwingtem Unterton

ich weiß, heute geht alles so offiziell und so ernst zu, dass ich eigentlich Karl sagen müsste. Aber ich wette, dir ist es lieber, wenn ich dich wie üblich mit Charly anrede. Die Konfirmation, das stimmt schon, ist ein bedeutender Tag im Leben. Deswegen bin auch ich jetzt einmal ganz offiziell und heiße dich herzlich willkommen als mündiges Glied der Gemeinde. Aber ich finde eben im Gegensatz zu den anderen, dass es ein wirklicher Feiertag und deshalb auch ein fröhlicher Tag ist.

Der Hauptteil erfüllt den Rede-Auftrag, die Stimmung zu heben.

Das Gelöbnis des Konfirmanden vor dem Altar im Angesicht der Gemeinde ist zwar Sinn und Zweck der Konfirmation. Das Drumherum spielt aber auch eine beachtliche Rolle. Allein die Vorbereitungen der Feierlichkeiten nehmen einen breiten Raum im Familienleben ein: Wo soll überhaupt gefeiert werden? Wer kommt zur Feier? Wer braucht ein Hotel? Irgendwann werden alle nervös, die Eltern suchen nach dem passenden Lokal, das Menü muss ausgesucht werden, die Schränke werden nach der passenden Kleidung durchforstet.

Fragen mit entsprechenden Handbewegungen begleiten. Am Schluss des Absatzes Wirkungspause einlegen

Die Väter haben es am einfachsten: Sie holen bloß den dunklen Anzug raus und hoffen, dass er noch passt. Nebenbei – meiner sitzt immer noch wie angegossen. Anders die Mütter. Es ist nicht selten, dass sie für das große Ereignis noch mal die einschlägigen Geschäfte abklappern und sich etwas zulegen, was sie sonst so gut wie nie tragen: einen richtig schicken Hut. Schau dir nur mal deine Mutter an!

Eine Anekdote lockert die Rede auf.

Das alles müsste den Konfirmanden eigentlich nicht stören, wenn er nicht dauernd im Mittelpunkt dieser Aktivitäten stehen würde. Ich erinnere mich noch gut daran, wie genervt dein Vater vor seiner Konfirmation war. Bei uns ging es natürlich genauso hektisch zu. Das Schlimmste, was ihm damals widerfahren ist, war aber, dass seine Eltern für ihn einen Anzug kaufen mussten. Ich weiß gar nicht mehr, in wie vielen Geschäften wir damals waren. Es war jedenfalls eine ziemliche Tortur – für alle Beteiligten. Mal fand deine Großmutter den Anzug nicht gedeckt genug, mal war ich mit dem Preis nicht einverstanden. Und wenn es nach deinem Vater gegangen wäre, dann hätten ihm ein paar neue Jeans genügt. Kannst du dir deinen Vater heute so vorstellen?

Der Redner wendet sich mit einem „Weißt du noch"-Lächeln an den Angesprochenen.

Schließlich sind wir uns einig geworden. Wir fanden einen – jedenfalls nach Meinung deiner Großeltern – wunderbaren dunkelgrauen Anzug, dessen Hose man gut mit anderen Sakkos kombinieren konnte und die Jacke mit verschiedenen Hosen. Sogar der Preis war akzeptabel. Denn wir gingen davon aus, dass das gute Stück ja einige Jahre halten würde. Na ja, die Hose war etwas zu lang. Sie musste genauso umgenäht werden wie die Ärmel. Das Sakko war in den Schultern vielleicht etwas breit. Ansonsten aber saß der Anzug fabelhaft.

Du kennst ja deinen Vater, der ist immer für Überraschungen gut. Die Konfirmation war gerade ein paar Monate her, da zog er den schönen Anzug mal wieder an. Was soll ich dir sagen? Die Ärmel waren zu kurz und die Hosenbeine auch. Alles, was umgenäht war, wurde ausgelassen. Zu Weihnachten war noch alles okay. Aber am darauf folgenden Osterfest

Der Redner wendet sich wieder direkt an den Konfirmanden.

sah der Anzug so aus, als ob dein Vater ihn von seinem kleinen Bruder geliehen hätte.

Die lustigen Seiten der Konfirmation

Du siehst, Konfirmationen haben eben bei allem Ernst durchaus ihre lustigen Seiten. Eine weitere ist mir vorhin in der Kirche aufgefallen, als ihr Konfirmanden vor dem Altar gekniet habt, während der Pfarrer euch segnete. Alle hatte natürlich genau wie du funkelnagelneue Schuhe an – so, wie sie aus dem Geschäft kamen: noch mit den Etiketten auf der Sohle. So nah wie du gesessen hast, konntest du bestimmt lesen, welche Schuhgeschäfte diesmal an der Konfirmation beteiligt waren. Übrigens ein Phänomen, das man bei jeder Konfirmation beobachten kann. Nächstes Jahr, wenn du nicht mehr so aufgeregt bist, wird es dir bestimmt auch auffallen.

Du siehst, Charly, der Tag der Konfirmation ist wirklich ein fröhlicher Tag – genieße ihn. Und natürlich den morgigen Montag, an dem alle wieder zur Schule müssen – außer den Konfirmanden.

Der Vater spricht über die Bedeutung der Kommunion

Anlass:	*Kommunion der Tochter*
Ort:	*im Restaurant oder zu Hause*
Publikum:	*das Kommunionskind, die Paten, Verwandte, Freunde*
Zeitpunkt:	*zwischen Vor- und Hauptspeise*
Stil:	*besinnlich und feierlich*
Dauer:	*ca. 1 ½ Minuten*

Liebe Angie, liebe Paten,

Als Einleitung eine Zusammenfassung des Tages

heute ist unsere liebe Angie zum ersten Mal zur heiligen Kommunion gegangen, wir haben gemeinsam die Eucharistie gefeiert. Das war ein sehr erhebender Moment für uns alle. Und ein ganz besonders wichtiger Tag für dich, *Angie:* | Du hast heute zum ersten Mal das Bußsakrament empfangen. Und

Der Vater schaut das Kind an.

damit die Fürsorge, die der liebe Gott für dich empfindet und die du mit Liebe zu ihm erwidern musst. Wir, deine Eltern und deine Paten, wollen dir dabei auch in Zukunft helfen.

Die Kerze, die du in der Hand gehalten hast, soll dir zeigen, dass du nie im Dunkeln leben musst. Wo der liebe Gott ist, ist auch Licht. Daran soll dich auch der Rosenkranz erinnern, den du heute geschenkt bekommen hast.

Der Hauptteil ist kindgerecht aufbereitet.

Ich weiß, mit neun Jahren spielen Kinder lieber draußen als in die Kirche zu gehen. Aber ist es nicht schön, wie sich alle um dich kümmern und wollen, dass es dir richtig gut geht?

Wirkungspause nach der rhetorischen Frage einlegen

So ist auch der liebe Gott. Er liebt und kümmert sich um dich wie ein Vater. Aber leider verhalten wir Menschen uns nicht immer so, wie es Gott von uns erwartet. Manchmal tun wir etwas, was man Sünde nennt. Oft wünschen wir uns dann, wir könnten alles rückgängig machen. Das gelingt uns zwar nicht, aber der liebe Gott gibt uns trotzdem eine Chance, unsere Sünden zu bereuen: in der Beichte. Wie sie funktioniert, hat der Benediktinermönch und Religionsphilosoph Leo von Rudloff so erklärt: „Sie schwächt die bösen Neigungen und gibt Lust und Kraft zum Guten, sie reinigt von lässlichen Sünden." Dafür müssen wir dankbar sein. Daran solltest du immer denken. Auch wenn du lieber spielen würdest, als zur Messe und zur Beichte zu gehen.

Heute bist du die *Hauptperson.* Das hast du sicher auch schon an den vielen tollen Geschenken gesehen, die du bekommen hast. Ich wünsche mir, dass du dich immer an diesen Tag erinnerst. Und dass du dein ganzes Leben so glücklich und fröhlich bist wie heute.

So, und gleich nach dem Nachtisch habe ich nichts dagegen, wenn du aufstehst und mit deinen Vettern und Kusinen herumtobst.

Verlobung

Der Vater spricht über seine Verlobungszeit

Anlass:	*Verlobung der Tochter*
Ort:	*im Lokal oder zu Hause*
Publikum:	*das künftige Brautpaar, die zukünftigen Mit-Schwiegereltern, Verwandte aus beiden Familien, Freunde*
Zeitpunkt:	*zwischen Vorspeise und Hauptgang*
Stil:	*heiter*
Dauer:	*ca. 4 1/2 Minuten*

Liebe Gitte, lieber Walter,

Heiter-beschwingte Einleitung zum Familienfest

euch ist etwas gelungen, was aller Wahrscheinlichkeit nach nicht einmal der Zufall geschafft hätte: Ihr habt zwei Familien zusammengebracht, die sich ohne euch nie kennen gelernt hätten. Verzeiht mir das bisschen Egoismus, wenn ich sage: Schon deswegen lohnt sich eure Verlobung. Deine Mutter und ich, liebe Gitte, haben durch euch ein paar sehr nette Leute kennen gelernt. Herzlichen Dank dafür.

Wirkungspause am Schluss des Absatzes

Überleitung zum Hauptteil mit dem Auftrag: Stimmung heben

Ich muss zugeben, wir waren nicht besonders überrascht, als ihr uns mitgeteilt habt, dass ihr heiraten wollt. Dass ihr euch liebt, ist uns nicht verborgen geblieben. Und dass wir eure Liebe für keine Eintagsfliege halten, solltet ihr auch längst gemerkt haben. Womit wir allerdings nicht gerechnet hatten: dass ihr euch – statt gleich zu heiraten – erst mal verloben würdet. Ich hatte immer gedacht, locker – oder, wie ihr sagt, cool drauf – wie die jungen Leute heute sind, ist Verlobung bei ihnen total out.

Na gut, der Alte kann sich mal täuschen. Es muss ja nicht alles so laufen, wie er sich das so denkt. Aber wundern darf er sich schon, oder? Als deine Mutter und ich uns kennen lernten, und wir feststellten, dass wir zusammenbleiben und später vielleicht heiraten wollten, sind wir einfach zusammen gezogen. So, wie das damals alle taten.

Wirkungspause nach der Frage und mit einer Handbewegung die Mutter in die Rede mit einbeziehen

Wir waren sozusagen Spät-Achtundsechziger, die sich schon deswegen nicht um Konventionen scherten, weil es die Eltern, die wir damals allesamt für spießig hielten, schockierte. Damals haben deine Mama und ich in einer Kleinstadt in Westfalen gearbeitet. Als wir uns kennen lernten, lebte deine Mutter, *hört, hört,* in einer Wohngemeinschaft. Ich hatte eine Bude unterm Dach, bei der ich mir Toilette und Dusche mit einem Nachbarn teilen musste. Mein Vermieter war ein Friseurmeister, der nebenan in seiner Werkstatt oft noch spät abends Toupets und Perücken nähte. Deshalb wusste er auch immer Bescheid, was bei mir los war. Das allein war schon Grund genug, dass wir unsere eigene Wohnung haben wollten, wo wir ungestört waren. Außerdem hatten wir uns ausgerechnet, dass dies unser Leben wesentlich preiswerter machen würde.

Im Hauptteil erklären Anekdoten die Haltung des Redners.

Leichtes Kopfschütteln begleitet von spöttischem Lächeln

Die Wohnungssuche gestaltete sich etwas schwierig, weil wir ja nicht verheiratet waren. Da sind uns eine Menge moralischer Bedenken begegnet. Schließlich fanden wir eine Zweizimmerwohnung, die zwei unverheirateten Schwestern, richtigen alten Fräuleins, gehörte. Die hatten für uns Verständnis, weil sie wahrscheinlich selber gern mal so eine schöne und romantische Liebe erlebt hätten.

Erstaunlicherweise haben die beiden uns nicht mal gefragt, ob wir uns denn wenigstens verloben wollten. Unsere Eltern hatten sich längst damit abgefunden, dass ihre Kinder in einer – wie man das damals nannte – wilden Ehe lebten. Zu aller Erleichterung haben wir unser Verhältnis ja später legalisiert, allerdings ohne uns vor der Hochzeit erst noch zu verloben.

Tja, damals waren die Zeiten tatsächlich anders. Die Jugend heute ist viel konservativer, wie eine Umfrage des Forschungsministeriums zeigte. Rund 2000 junge Leute zwischen 14 und 29 hat man

Mit einem Umfrage-Ergebnis Überleitung zum Schluss

gefragt, was für sie die wichtigsten Werte seien. Die Pflichterfüllung ging als erste durchs Ziel, dann kam gleich die Treue, dann erst Freizeit, Arbeit und Beruf. Und, wenn ich mich recht erinnere, erst an sechster Stelle Toleranz. Auf jeden Fall sind die jungen Leute heute viel zielstrebiger, als wir es waren. Cleverer wohl auch. Wenn ich mir euren prall gefüllten Gabentisch so ansehe, muss ich sagen: Es war ein Fehler, dass wir damals gar nicht auf die Idee gekommen sind, uns zu verloben.

Mit ausholender Handbewegung auf den Gabentisch weisen; anschließend Wirkungspause

Aber ich schweife schon die ganze Zeit ab, es war so schön, noch einmal in Erinnerungen zu schwelgen. Was ich eigentlich sagen wollte, ist schnell gesagt: Herzlichen Glückwunsch euch beiden! Mama und ich freuen uns über den Familienzuwachs und über die neuen Freunde. Vor allem, weil es so nette Menschen wie Walter und seine Eltern sind.

Der Vater spricht über Traditionen

Anlass:	*Verlobung des Sohnes*
Ort:	*im Lokal oder im Haus der Brauteltern*
Publikum:	*das künftige Brautpaar, die zukünftigen Mit-Schwiegereltern, Verwandte aus beiden Familien, Freunde*
Zeitpunkt:	*nach dem Hauptgang*
Stil:	*festlich*
Dauer:	*ca. 2½ Minuten*

Liebe Anke, lieber Marc, liebe künftige Mit-Schwiegereltern,

Einleitung und Überleitung weisen direkt auf den Rede-Auftrag.

es ist ein bewegender Moment, wenn der Sohn eines Tages nach Hause kommt und seinen Eltern verkündet, dass er heiraten will. Diese Mitteilung kam nicht ganz unerwartet. Die eigentliche Überraschung war, dass ihr euch vorher die Verlobungszeit auferlegt.

Ihr wisst, wie sehr ich Traditionen schätze. Deshalb freute es mich umso mehr, dass ihr nicht, wie es heute meistens üblich ist, gleich heiratet, sondern euch eine Art Zeit der Prüfung gönnt und gleichzeitig dennoch deutlich macht, zu wem ihr gehört. Spötter mögen das für altmodisch halten. Lasst euch aber davon nicht beirren, man muss nicht jeder Mode hinterherrennen. Nur weil Traditionen oft sehr alt sind, müssen sie deswegen ja nicht schlecht sein. Sie geben dem Leben einen Rahmen, sind wie eine Richtschnur, an der man sich orientieren kann.

Bedeutung der Worte mit entsprechender Gestik unterstreichen

Im Hauptteil Begründung der These aus der Überleitung

Natürlich soll man nicht stur an alten Sitten festhalten, man muss sie der jeweiligen Zeit anpassen. Bei manchen wird man feststellen, dass sie wirklich überholt sind. Und manchmal bilden sich neue Traditionen. Wie zum Beispiel bei uns, wo sich einmal im Jahr immer an Ostern die ganze Familie trifft. Das ist deswegen so schön, weil Marcs Geschwister, Nichten und Neffen ja über die ganze Republik verstreut sind und sich sonst so gut wie nie sehen. So bekommen selbst die Kleinsten schon mit, wie wunderbar eine große Familie ist. Und wer weiß, vielleicht schaffen Mutter und ich es, eines Tages auch mit unseren Urenkeln das Osterfest zu feiern.

Langsame Überleitung zum Schluss

Ihr seid bestimmt nicht verwundert, wenn ich gestehe, dass ich Familienfeiern liebe. Deswegen, finde ich, haben Traditionen noch einen weiteren großen Vorteil: Sie geben oft Anlass zu feiern. Wie heute eure Verlobung, liebe Anke und lieber Marc. Dabei ergibt sich ein weiterer Vorteil. In vielen Fällen lernen sich die beiden Familien der Brautleute erst bei der Hochzeit kennen. Das haben wir mit dem Tag heute vorgezogen. Und so, wie ich den Tag bisher erlebt habe, habe ich den Eindruck, dass nicht nur Anke und Marc gut zusammenpassen, sondern auch unsere beiden Familien. Ich denke, wir werden die Probezeit genauso gut überstehen, wie das unseren beiden Verlobten auch gelingt. Deswegen sage ich aus tiefem Herzen: Liebe Anke, sei herzlich willkommen in unserer Familie. Und lieber Marc, Mutter und ich sind *wirklich glücklich* über deine Wahl.

Der Redner wendet sich den Verlobten und dann den Brauteltern zu.

Der Onkel spricht über Verantwortung

Anlass:	*Verlobung der Nichte, privates Fest*
Ort:	*zu Hause*
Publikum:	*das künftige Brautpaar, die Familien, Verwandte aus beiden Familien, Freunde*
Zeitpunkt:	*nach der Hauptspeise*
Stil:	*witzig-provozierend, unterhaltend*
Dauer:	*ca. 2½ Minuten*

Liebe Christine, lieber David,

Einstieg als Frage- und-Antwort-Spiel mit unmerklicher Überleitung in den Hauptteil

„wer kommt denn heute noch auf die Idee, sich zu verloben, wo doch immer mehr Leute nicht mal mehr heiraten, sondern ohne Trauschein zusammenleben?“ Diese Frage habe ich in letzter Zeit öfter gehört, wenn ich erzählt habe, ich sei auf eine Verlobung eingeladen.

„Das kann ich euch ganz genau sagen“, habe ich dann immer geantwortet: „Eine Jura-Studentin und ein Bankkaufmann. Also zwei Menschen, die gewohnt sind, ihre Entscheidungen nicht übereilt und gefühlsbetont zu treffen.“ „Ach so“, meinten dann die Frager, „alles klar. Die beiden machen erst mal einen Probelauf nach dem Motto: Drum prüfe, wer sich ewig bindet, ob sich nicht noch was Bess’res findet …“

Wirkungspause nach dem Sprichwort einlegen

„Nein“, habe ich in solchen Fällen immer gesagt, „die beiden wohnen ja schon lange zusammen.“ Doch *das* hat die Skeptiker immer noch nicht überzeugt. „Na, dann spekulieren sie auf die Geschenke“, hieß es dann meistens. „Bestimmt nicht, die haben schon alles.“ Damit hab ich diese Vermutung immer abgeschmettert und dann waren sie meistens mit ihrem Latein am Ende.

Der Redner wird jetzt im Hauptteil sachlicher.

Ich habe meinen Freunden und Bekannten anschließend erklärt, wie ich die Sache sehe. Und ich bitte euch, mir nachher zu sagen, ob ich einigermaßen richtig liege. Ich glaube, ihr habt euch verlobt, weil ihr beide – wenn man das überhaupt sagen kann – realistische Romantiker in einer modernen Arbeitswelt seid. Du, Christine, bist wegen deines Jura-Studiums in München geblieben, während David für seinen neuen Bank-Job jetzt in Frankfurt wohnt. Auf einmal seid ihr wie zwei Königskinder, die sich erst mal bis auf weiteres nur an den Wochenenden und in den Semesterferien sehen. Da ist der Gedanke an jemanden, dem man sich – altmodisch ausgedrückt – versprochen hat, doch ganz schön und tröstlich.

Der Redner spricht direkt mit den Verlobten, blickt sie an.

Es spricht auch für euer Verantwortungsgefühl, dass ihr nicht gleich geheiratet habt. Zugegeben, es hätte zwar einige steuerliche Vorteile für euch. Denn neben der günstigeren Steuerklasse für David könntet ihr auch doppelte Haushaltsführung geltend machen. Aber ihr habt mir gesagt, ihr wolltet euch von solchen rationalen Überlegungen nicht dazu verleiten lassen, überstürzt zu heiraten.

Ich finde, da habt ihr Recht. Man soll *wirklich* nichts überstürzen. Erst recht nicht nur um Steuern zu sparen. Das wäre bestimmt die falsche Grundlage für eine Ehe. Wer weiß denn heute, wohin es Christine nach ihrem Examen verschlägt und ob David in zwei Jahren nicht wieder wechselt? Vielleicht schafft ihr es dann, wieder in derselben Stadt zu arbeiten. Dann werdet ihr bestimmt auch die Zeit zum Heiraten finden. Bis dahin müsst ihr sozusagen eine Durststrecke hinter euch bringen. Aber als Verlobte ist die sicher leichter zu ertragen.

Zum Schluss bestätigt der Redner die Verlobten.

Ich bin sicher, ihr meistert die Situation. Ihr seid so glücklich miteinander, da kann eigentlich nichts schief gehen. Ich wünsche euch, dass es so bleibt.

Ein Freund spricht über Spagetti und die Folgen

Anlass: *Verlobung eines Freundes*
Ort: *im Lokal oder im Haus der Brauteltern*
Publikum: *das künftige Brautpaar, die zukünftigen Mit-Schwiegereltern, Verwandte aus beiden Familien, Freunde*
Zeitpunkt: *vor dem Dessert*
Stil: *heiter*
Dauer: *ca. 3 Minuten*

Liebe Uli, lieber Rolf,

Die Einleitung startet mit rhetorischen Fragen und endet mit einem Scherz.

darf ich mal ganz ehrlich sein? So viel Romantik hätte ich euch gar nicht zugetraut. Heiraten ja, aber verloben? Damit hatte ich nun gar nicht gerechnet. Aber man kann sich ja mal irren. Jedenfalls halte ich es für eine gute Idee, ich hätte heute Abend sonst bestimmt nicht so fürstlich gegessen. Ein weiterer Beweis dafür, dass zwischen Liebe und Magen durchaus eine Verbindung besteht.|

Wirkungspause nach dem Scherz einlegen

Der Hauptteil ist als Augenzeugenbericht gestaltet.

Ich kann mich gut erinnern, wie ihr euch kennen gelernt habt. Es war ein Abend in unserem Stammlokal, es begann mit einem Streit. Nein, nicht zwischen euch beiden, ihr kanntet euch ja noch gar nicht. Rolf hatte Zoff mit der Kellnerin, weil die überall Essen servierte, ihn aber offensichtlich vergessen hatte. Jedenfalls beschwerte sich Rolf so lautstark, dass sich alle zu unserem Tisch umdrehten. Uli inklusive. Sie saß mit einer Freundin am Nebentisch und hatte gerade ihre Spagetti bekommen. Süffisant sagte sie:| „Nimm du sie, damit ich gleich in Ruhe essen kann." Und reichte den Teller rüber. Ich sehe noch Rolfs verdutztes Gesicht vor mir. Das war ihm alles zwar ein bisschen peinlich, aber die Spagetti hat er dennoch gerne genommen. Und glücklich kauend hielt er dann den Schnabel.

Zitate etwas übertrieben nachsprechen

Nach diesem missglückten Auftakt wurde der Abend doch noch richtig lustig. Wir schoben die Tische zusammen und fingen an zu quatschen. Rolf hat sich dann erst mal bei Uli beschwert, dass sie sich gefälligst nicht in seine Angelegenheiten einmischen solle. Und Uli hat gekontert, dass jemandem, der so randaliert, eben das Maul gestopft werden müsse – im wahrsten Sinne des Wortes. „Kerle", hat sie dann noch abfällig gesagt. Danach war das Eis endgültig gebrochen.

Es wurde ein langer, lustiger und ziemlich feuchter Abend. Ich hatte am nächsten Morgen jedenfalls einen schweren Kopf. Rolf wahrscheinlich auch, dachte ich wenigstens. Denn als ich ihn anrief, sagte er mir, dass er in der nächsten Zeit etwas häuslicher sein wolle.

In den darauf folgenden Wochen habe ich Rolf kaum gesehen. Immer war er beschäftigt, hatte nie Zeit für einen Abend in der Kneipe oder einen Ausflug in die Berge. Dann tauchte er wieder auf aus der Versenkung – fröhlich Händchen haltend mit Uli. Seitdem habe ich die beiden so gut wie nie mehr solo erlebt. Jetzt weiß ich, was „unzertrennlich" bedeutet.

Übrigens: Mit Rolf kann man in unserem Stammlokal inzwischen auch ganz friedliche Abende ohne lautstarke Zwischenfälle erleben. Nein, die Kellnerin von damals ist noch da. Nur Rolf ist richtiggehend zivilisiert geworden. Dein Verdienst, liebe Uli.

Der Augenzeugenbericht wird durch die Gegenwartsschilderung ergänzt.

Ich finde, ihr beiden ergänzt euch wunderbar. Der spontane Rolf und die sanfte Uli. Bleibt so, wie ihr seid, dann klappt's auch mit der Ehe.

Hochzeit

Verheiratete leben länger

Anlass:	*Vorabend der Hochzeit*
Ort:	*der Festsaal in einem Lokal*
Publikum:	*Familien und Verwandte der Brautleute, Freunde*
Zeitpunkt:	*vor dem Essen*
Stil:	*heiter, locker*
Dauer:	*ca. 2½ Minuten*

Liebe Elisabeth, lieber Kurt, liebe Polterabendgesellschaft,

Fröhlicher Einstieg mit einem kleinen Scherz zur Auflockerung. Der Lacher gibt dem Redner Sicherheit.

nachdem sich der erste Krach verzogen hat, kann man zumindest eines wünschen: So viel Porzellan, wie heute zerschlagen wurde, wird hoffentlich in eurer Ehe nicht zu Bruch gehen. Das bedeutet: Den ersten wichtigen Schritt habt ihr nun schon getan. Den nächsten macht ihr morgen.

Kurt, du bist bestimmt von deinen Freunden und Kollegen oft gefragt worden: „Hast du dir das mit der Hochzeit auch gut überlegt?" Wahrscheinlich haben sie dir Bemerkungen wie „Ab jetzt ist die Mark nur noch die Hälfte wert", „Ehekrüppel" und „Pass bloß auf, dass du die Hosen anbehältst" an den Kopf geworfen. Ich weiß nicht, was du diesen Menschen geantwortet hast. Vermutlich, du heiratest aus Liebe. Das ist schön und richtig, überzeugt aber noch lange nicht jeden.

Wirkungspause zur Spannungssteigerung

Überleitung zur These und Beweisführung, dass die Ehe Männern gut tut

Ein Argument sollte aber auch die schärfsten Kritiker überzeugen: Statistiker haben nämlich herausgefunden, dass Ehemänner im Durchschnitt zwischen fünf und 15 Jahren länger leben als Junggesellen. Ha, werden jetzt die Ehefeinde mit hämischem Grinsen sagen, das liegt nur daran, dass sich verheiratete Männer dank ihrer gesundheitsbewussten Frauen viel gesünder ernähren und regelmäßiger essen. Das allein wäre schon ein ebenso legitimer wie überzeugender Grund zu heiraten.

Aber es kommt noch besser. Eine glückliche Ehe hält dich gesund, weil du nicht dem berüchtigten negativen Stress ausgesetzt bist, behaupten die gleichen Statistiker. Wer zufrieden ist, hat eine stabile Psyche und ist deshalb weniger anfällig für Krankheiten. Das kann jeder Psychologe bestätigen.

Mit der Hand die Bedeutung des Gesagten unterstreichen

Aber auch für Frauen, liebe Elisabeth, hat die Ehe unbestreitbare Vorteile. Nein, nein. Ich meine nicht das, woran ihr alle jetzt denkt. Der Gedanke, dass du dank eines gut verdienenden Ehemanns bestens versorgt bist, liegt natürlich nahe. Aber zum Glück bist du darauf nicht angewiesen, du hast ja selbst einen tollen Job und könntest locker auch deinen Zukünftigen durchbringen. Ich möchte viel lieber etwas vorschlagen, was vermutlich die Zustimmung der vereinigten Damenwelt finden wird. Vielleicht könnt ihr für euch einführen, was bei den alten Griechen Sitte war: Die zählten das Alter der Frauen erst ab dem Tag der Hochzeit. Also, Elisabeth, was bisher war, kann man getrost vergessen. Erst ab morgen wird es ernst und dein neues Leben beginnt.

Die Braut wird direkt angesprochen.

Wirkungspause nach dieser zentralen Aussage

Vor einem an sich schönen, alten Brauch möchte ich allerdings heute Abend abraten. Die alten Römer pflegten, wenn sie auf das Wohl einer Frau tranken, für jeden Buchstaben ein Glas Wein zu leeren. Versteh das bitte nicht falsch, Elisabeth. Aber in diesem Fall wäre es für unsere Köpfe besser, wenn du Ute heißen würdest. Damit wir morgen alle einen klaren Kopf haben.

Vorbereitung für den Scherz, der die fröhliche Rede beendet

Aus Kindern werden Eheleute

Anlass:	*Hochzeit der Tochter*
Ort:	*der Festsaal in einem Lokal*
Publikum:	*Familien und Verwandte der Brautleute, Freunde*
Zeitpunkt:	*zu Beginn des Hochzeitsessens*
Ziel:	*noch einmal als Vater sprechen*
Stil:	*liebevoll, ein bisschen wehmütig*
Dauer:	*ca. 5 Minuten*

Liebe Christine, lieber Johannes, liebe Mit-Schwiegereltern, liebe Hochzeitsgäste,

Der Einstieg schärft die Aufmerksamkeit des Publikums, das zum Mitdenken angeregt wird.

ihr alle kennt sicher die Geschichte vom „Vater der Braut“, die einmal – und das ist meine Lieblingsfassung – mit Spencer Tracy verfilmt wurde und einmal mit Steve Martin. Das ist diese fröhlich-rührselige Geschichte, in der ein Vater sein geliebtes und für ihn noch kleines Mädchen, das wie über Nacht erwachsen geworden ist, an einen jungen Mann verliert und er einen Haufen Geld für die Hochzeit mit all ihren Begleiterscheinungen hinblättern muss. Zum Schluss bricht er in Tränen aus, weil er sich so verlassen fühlt. An diese Geschichte habe ich in den letzten Wochen natürlich häufig denken müssen. Es ist ja auch eine Menge Wahres dran, wie ich inzwischen selbst festgestellt habe.

Wirkungspause nach dieser Schilderung

Überleitung zum Kernpunkt der Rede: ein typischer Brautvater

Da habe ich mich ertappt, wie ich regelrecht in Erinnerungen gekramt und in den alten Fotoalben geblättert habe. Zum Glück haben wir immer gerne fotografiert. Deswegen gibt's von Christine viele Bilder. Gleich nach der Geburt zum Beispiel. Da hatte sie von der Anstrengung noch ein ganz rotes Gesichtchen, schwarze Haare und sah ein wenig zerknittert aus, was sich aber ganz schnell gegeben hat. Und als dann bald die dunklen Haare ausfielen, wuchsen ihr stattdessen diese schönen blonden Locken. Ich kann Johannes *gut verstehen,* dass er sich in Christine verliebt hat.

Kurz nach Christines Geburt kamen immer wieder so versteckte Bemerkungen, wie schade es doch sei, dass unser erstes Kind kein Sohn geworden wäre. Weil sich ein ordentlicher Vater doch immer erst einmal einen Stammhalter wünscht. Mag sein, dass ich kein ordentlicher Vater bin. Aber ich konnte mir damals wie heute nichts Schöneres vorstellen, als Christine zu haben. So liebevoll wie ein Mädchen kann ein Junge nämlich gar nicht sein.

Liebevoller Blick auf die Tochter beim Extra-Kompliment

Wie ihr euch schon denken könnt, habe ich lange in den Fotoalben geblättert. Christine mit ihrem ersten Fahrrad, noch mit Stützrädern. Christine mit Schultüte und süßen Zahnlücken. Christine am Strand, Christine beim Abschlussball der Tanzschule und mit dem Abiturzeugnis – ihr ganzes Leben auf Bildern. Und auf allen Fotos zeigt sie dieses unglaublich strahlende Lächeln, das sie uns heute schon den ganzen Tag schenkt.

Das zeichnet Christine aus: Sie ist immer fröhlich und sieht die Welt positiv. Ich kann mich gar nicht erinnern, wann ich sie das letzte Mal schlecht gelaunt gesehen habe. Gewiss, sie ist wie jeder Mensch auch schon mal traurig. Doch, und das ist besonders bemerkenswert, diese Phasen dauern nicht lange, dank ihres Optimismus' und ihres positiven Denkens.

Ich habe jetzt die ganze Zeit von Christine gesprochen. Das sollte man dem Vater der Braut nachsehen. Johannes habe ich trotzdem nicht vergessen. Denn wer kann ihm besser sagen als der Vater, was für eine wunderbare Frau er bekommen hat? Lieber Johannes, ich kann dich wirklich gut verstehen, dass du Christine geheiratet hast.

Der Brautvater spricht den Schwiegersohn direkt an und gratuliert ihm zu seiner Wahl.

Es ist das Beste, was *dir* passieren konnte. Glaub mir, ich weiß, wovon ich rede. Schließlich bin ich mit Christines Mutter verheiratet. Beide sind sich in vieler Hinsicht ähnlich. Sie sind Menschen, die vor Liebe schier überquellen. Die ihrem Partner den Rücken stärken. Die ihn – was zugegebenermaßen manchmal lästig werden kann, aber eigentlich viele Vorteile hat – kritisch begleiten. Echte Partner eben.

Der Redner weist auf den Bräutigam, spricht direkt zu ihm und wendet sich wieder dem Publikum zu.

Liebe Christine, lieber Johannes, ihr wisst es längst, doch möchte ich es doch noch einmal sagen: Nicht jeder Tag eurer Ehe wird so sein wie euer Hochzeitstag. Da gibt es manchmal auch dunkle Wolken, die sich vor die Sonne schieben, manches nutzt sich ab. So wie ihr euch, wie sich euer Leben verändert, so verändert sich auch eure Liebe. Ihr müsst bereit sein, solche Veränderungen zu akzeptieren. Was nicht heißen soll, dass ihr Dinge, die euch stören, stillschweigend hinnehmt. Ich finde, man muss sagen, was einen am Partner stört oder sogar ärgert. So ein Streit zwischendurch kann schließlich auch ein belebendes Element sein. Doch eins dürft ihr darüber nie vergessen: Was eure Liebe ausmacht, was ihr euch versprochen habt, welche Ziele ihr gemeinsam verfolgt. Und das Gefühl, wirklich zusammenzugehören, das Leben als Team zu meistern.

Tonlage und Mimik werden jetzt ernster.

Mutter und ich wünschen euch, dass euch das gelingt. Und wir hoffen, dass wir da ein bisschen Vorbild für euch sind. Das würde uns sehr stolz machen.

Für den Ausstieg bereitet der Brautvater einen Lacherfolg vor.

Väter und Töchter, lieber Johannes, haben nun mal ein ganz besonderes Verhältnis. Das wirst du vielleicht eines Tages selbst feststellen. Aber auch Schwiegerväter und Schwiegersöhne verbindet einiges: Sie schwärmen für dieselbe Frau. Übrigens haben wir beide noch etwas gemein, wahrscheinlich hat es Christine dir bisher verschwiegen: Ich war in ihrem Leben der erste Mann, den sie heiraten wollte. Du brauchst deswegen aber nicht eifersüchtig zu sein. Ich weiß genau, das hat sich inzwischen erledigt.

Gesichtsausdruck und Stimmlage werden wieder fröhlich.

Wir haben neue Freunde!

Anlass: *Hochzeit des Sohnes*
Ort: *der Festsaal in einem Lokal*
Publikum: *Familien und Verwandte der Brautleute, Freunde*
Zeitpunkt: *vor dem Hauptgang des Hochzeitsessens*
Stil: *festlich-liebevoll, ein bisschen mahnend*
Dauer: *ca. 5 Minuten*

Liebe Katharina, lieber Oliver, liebe Brauteltern und liebe Hochzeitsgäste,

als Vater des Bräutigams habe ich es am heutigen Tag vielleicht etwas leichter als der Vater der Braut. Nein, ich rede jetzt nicht von der Rechnung, sondern ich spreche vom Gefühl. Bei einem Sohn akzeptieren Eltern wahrscheinlich eher als bei einer Tochter, dass er aus dem Haus geht und seine eigene Familie gründet. Töchter dagegen wollen wir so lange wie möglich behüten. Eigentlich erstaunlich in unserer Zeit: Wir gestehen nach wie vor unseren Söhnen mehr Freiheiten zu als unseren Töchtern.

Festlich-gemessener Einsteig, passend zu den Gefühlen eines Vaters bei einer Hochzeit

Es ist doch noch gar nicht so lange her, dass unser Oliver als kleiner Wirbelwind durch unser Leben getobt ist. Dass wir uns Sorgen gemacht haben, wenn er draußen auf dem Spielplatz oder beim Fußball seine Abenteuer erlebt hat. Oft genug kam er ja mit Schrammen nach Hause. Später wurde es auch nicht viel besser, als er mit seinem Motorrad unterwegs war. Aber das gehört wohl zum Erwachsenwerden eines jungen Mannes.

Nach dem gemessenen Einstieg Stimme heben und frisch drauflos-erzählen

Doch eines Tages ist er spürbar ruhiger geworden. Das war vor gut einem Dreivierteljahr. Da hat er dich, Katharina, kennen gelernt. Dieser Tag war, wie wir heute sehen, ein sehr glücklicher Tag. Zuerst hat Oliver ja nicht mit der Sprache herausgerückt, was oder wer ihn so verändert hat. Er war noch seltener zu Hause als sonst. Doch

Die Überleitung zum Kernpunkt der Ansprache, verbunden mit einem Kompliment an die Braut

Der Redner wendet sich zuerst der Braut und dann ihren Eltern zu.

wenn er da war, haben seine strahlenden Augen und seine permanent gute Laune verraten: Da muss was Tolles laufen. Lange konnte er sein Geheimnis nicht für sich behalten. Er hat von dir, liebe Katharina, so geschwärmt, dass wir dachten: Wenn nur die Hälfte zutrifft, ist das wirklich ein fantastisches Mädchen.

Um es kurz zu machen: Oliver hat nicht übertrieben. Jedes Wort, das er über dich gesagt hat, stimmt. Du wirst es sicherlich bald gemerkt haben, wie glücklich wir über seine Wahl waren und sind. Und ich habe den Eindruck, dass deine Eltern es ähnlich sehen.

Die Stimmlage wechselt von eher abfällig nach sehr zufrieden.

Es ist nicht unbedingt selbstverständlich, dass sich Schwiegersöhne und -töchter mit ihren Schwiegereltern gut verstehen. Alberne Witze, die vornehmlich auf Kosten der Schwiegermütter gehen, gibt's reichlich. Deshalb empfinde ich es als besonderes Glück, dass bei euch die Situation ganz anders ist. Dafür spricht nicht nur, was wir für dich, liebe Katharina, empfinden. Sondern auch, wie Oliver von deinen Eltern schwärmt. Liebe Mit-Schwiegereltern, ich glaube, wir haben – wie es immer so schön heißt – mit der Hochzeit wirklich eine Tochter beziehungsweise einen Sohn dazubekommen. Für unsere Familie kann ich jedenfalls sagen: Wir freuen uns sehr, dass Katharina jetzt auch offiziell zur Familie gehört. Und außerdem wünsche ich mir, liebe Mit-Schwiegereltern, dass die Liebe unserer Kinder zu Harmonie und Freundschaft zwischen unseren Familien führt. Esther und ich jedenfalls sind glücklich über unsere neuen Freunde. Ohne Katharina und Oliver hätten wir euch ja wahrscheinlich gar nicht kennen gelernt. Auch so gesehen haben unsere Kinder viel Gutes bewirkt.

Der Redner schlägt einen mahnenden Ton an.

Liebe Hochzeiter, man kann also mit Fug und Recht sagen, so harmonisch, wie eure Ehe heute begonnen hat, steht sie unter einem guten Stern. Ich bin sicher, dass ihr das eurige dazu tun werdet, so glücklich zu bleiben, wie ihr es heute seid. Manchmal, das ist leider nun mal so, hängt schon mal der Haussegen schief. In den meisten Fällen verzieht sich das

Unwetter wieder. Aber es gibt auch Situationen, in denen das schwieriger ist. Dann braucht man Hilfe von außen, den Rat von guten Freunden. Deshalb möchte ich euch heute ein Angebot machen. Wenn ihr Probleme habt, die ihr selber nicht lösen könnt, traut euch mit uns darüber zu sprechen. Wir werden versuchen, neutral und sachlich damit umzugehen und euch zu raten, wie es weitergehen kann.

Von solchen ernsten Dingen wollte ich eigentlich an diesem besonderen Tag gar nicht sprechen. Denn es ist ein fröhlicher, ein unvergesslicher Tag. Ich finde, es ist nicht nur – wie es immer heißt – der schönste Tag im Leben einer Frau, sondern auch im Leben eines Mannes. Ein Tag, an den man sich gern erinnert.

Der Schluss ist persönlich gehalten mit besonderem Hinweis auf den schönsten Tag.

Glaubt mir, ich weiß, wovon ich rede.

Der Großvater spricht aus Erfahrung

Anlass:	*der Großvater gratuliert*
Ort:	*Festsaal in einem Lokal*
Publikum:	*Familien und Verwandte der Brautleute, Freunde*
Zeitpunkt:	*nach dem Essen*
Stil:	*festlich*
Dauer:	*ca. 4 Minuten*

Liebe Sabine, lieber Manfred, liebe Eltern des Brautpaars,
liebe Hochzeitsgäste,

es ist, wie man mir zweifellos ansieht, schon eine Weile her, dass ich geheiratet habe. Seitdem habe ich außerdem ein paar Hochzeiten als Gast miterlebt und die neuen Ehen genau beobachtet. Ich schicke dies voraus, damit ihr versteht, warum ich als Großvater der Braut hier das Wort ergreife: Ich spreche aus Erfahrung. Was ich über die Ehe zu sagen habe, das könnt ihr mir getrost glauben.

In der Einleitung erklärt der Redner seine Kompetenz für dieses Thema.

Die Ehe hat etwas mit Liebe zu tun, das steht außer Frage. Den lebenden Beweis sehen wir hier an unserer Festtafel. Das ist gut so.

Der Redner weist auf das Brautpaar, macht eine Wirkungspause und spricht dann mahnend weiter.

Wie sonst könnte man die kleinen Fehler des Partners – ja, die hat leider jeder – übersehen und ertragen, die manchmal den Alltag schwer machen? Das fängt an mit der nicht wieder verschlossenen Zahnpastatube und hört noch lange nicht auf mit der Frage „Wieso brauchst du schon wieder ein neues Kleid?" Oder: „Warum kümmerst du dich mehr um deine Vereinskameraden als um mich?" Wie gesagt, wunderbar wie die Liebe ist, glättet sie auch solche an sich lächerlichen Reibungspunkte.

Überleitung zum Kernpunkt der Rede über Hochzeit und Ehe

Die Ehe bedeutet auch Solidarität. Das steckt ja schon in den Worten „in guten wie in schlechten Tagen". Und damit ist nicht das Wetter gemeint. Also, ihr beiden, tut mir den Gefallen und werft nicht gleich die Flinte ins Korn, selbst wenn's mal ordentlich hagelt. Unwetter haben die Angewohnheit, sich wieder zu verziehen. Und: Versöhnung erzeugt auch eine wunderbare Stimmung. Aber das werdet ihr alles noch früh genug selbst erfahren, falls ihr das nicht ohnehin schon wisst.

Liebe Sabine, denk bloß nicht, Großmutter und ich wären immer ein Traumpaar gewesen, wie es vielleicht manchmal scheinen mag.

Der Redner wendet sich seiner Frau zu und dem Elternpaar.

Auch deine Eltern hatten ihre Kämpfe. Nur haben sie wie wir immer darauf geachtet, dass unsere Partner in unseren Konflikten keine tiefen Schrammen abgekriegt haben. Wenn es trotz aller Bemühungen einmal vorgekommen ist, haben wir die seelischen Wunden gepflegt. Auch das ist Liebe. Ehe ist eben manchmal mühsam und fordert Selbstbeschränkung. Sie ist ein ständiger Kompromiss.

Überleitung zu positiven und fröhlichen Aspekten der Ehe

Gleichzeitig ist sie aber auch ein Quell der Freude. Wie haben wir uns über unsere Kinder gefreut und über unsere Enkel. Vielleicht schaffen wir es ja auch noch, unsere Urenkel kennen zu lernen. Und was gibt es Schöneres, als dem, den du liebst, einen Wunsch zu erfüllen?

Wirkungspause nach der rhetorischen Frage. Dann fortfahren mit amüsiertem Unterton

Die strahlenden Augen eurer Großmutter waren eine wirkliche Belohnung, wenn ich ihr zum Geburtstag ein Körbchen mit Erdbeeren mitbrachte, die sie doch so gerne isst. Damals war das noch etwas Besonderes – Erdbeeren im Winter.

Und die vielen Abenteuer, die wir gemeinsam bestanden haben. Zum Beispiel auf unseren Reisen. Wie damals, als ich in unserem Ferienort in Italien nach dem Tanken meine Brieftasche auf dem Autodach vergessen hatte – mit Führerschein und Ausweis drin. Dein Vater, dein Onkel und ich dachten schon, sie müssten mich über die Grenze schmuggeln. Nur Großmutter behielt die Nerven und blieb ganz ruhig. Spät am Abend stand plötzlich der nette Tankwart in unserer Pension und hatte die Brieftasche in der Hand. Über diesen Zwischenfall haben wir später noch oft gelacht.

Aber auch in vielen anderen Situationen behielt Großmutter die Übersicht, hat mich, wenn ich mal wieder richtig sauer war, in ihrer ruhigen Art von spontanen und deshalb oft falschen Reaktionen oder unbedachten Äußerungen zurückgehalten. Das ist nämlich auch Liebe: Den anderen zu kennen, ihn zu unterstützen und – wenn es sein muss – vor sich selber zu schützen.

Der Redner verbindet am Schluss sein Plädoyer für die Ehe mit einem Kompliment an die eigene Frau.

Ich habe es immer als etwas Besonderes empfunden zu wissen, dass es jemanden gibt, der weiß, wie ich fühle, wie ich denke. Jemanden, der mich versteht. Der mich tröstet, wenn es nötig ist. Der mich aufbaut. Der mir Selbstvertrauen gibt.

Die Ehe, glaubt mir, ist wirklich etwas Wunderbares. Oder, um es mit den Worten der Schauspielerin Luise Ullrich zu sagen: „Ich finde, es ist noch nichts Besseres erfunden worden als die Ehe." Darauf erhebe ich mein Glas.

Was ihr schon immer über die Ehe wissen solltet ...

Anlass:	*ein Verwandter spricht sozusagen als neutraler Beobachter über die Ehe*
Ort:	*der Festsaal in einem Lokal*
Publikum:	*die Hochzeitsgesellschaft mit den Familien und Verwandten der Brautleute, Freunde*
Zeitpunkt:	*zwischen Nachtisch und Kaffee*
Stil:	*heiter, locker, unterhaltend*
Dauer:	*ca. 4 1/2 Minuten*

Liebe Freunde, liebe Verwandte, vor allem aber: liebes Brautpaar,

Der Einstieg macht neugierig durch eine rhetorische Frage.

ich sehe lauter fröhliche Gesichter vor mir. So gehört es sich an einem fröhlichen Tag wie diesem. An einem Tag, an dem für die Eltern der Brautleute und ganz besonders für das frisch gebackene Ehepaar ein neues Leben beginnt. An dem gefeiert wird, weil zwei Menschen sich getraut haben, sich trauen zu lassen. Doch wisst ihr eigentlich, worauf ihr euch *da eingelassen* habt?

Im Hauptteil nennt der Redner seine Quellen, weil sie besondere Kompetenz verleihen.

Vor ein paar Tagen habe ich im Lexikon nachgelesen, was den Wissens-Profis alles über die Eheschließung und deren Folgen eingefallen ist. Eine ganze Menge, musste ich feststellen. Durch fast viereinhalb Seiten habe ich mich durchgekämpft. Da habe ich zum Beispiel erfahren, dass das Wort „Ehe" aus dem Althochdeutschen stammt und früher einmal Gesetz bedeutet hat. So klingt dann auch die bürokratische Definition der Ehe: „Eine auf Dauer angelegte Lebensgemeinschaft zweier Menschen verschiedenen Geschlechts." Wer hätte *das* gedacht? „Die wesentliche gesellschaftliche Funktion der Ehe", so steht es tatsächlich im Lexikon, „ist die Ordnung der Beziehung zwischen den Geschlechtern." Und dass die Ehe wegen ihrer gesellschaftlichen Bedeutung unter öffentlichem Rechtschutz steht.

So geht es weiter und weiter. Da wird über Eheberatung geschrieben. Oder über so böse Dinge wie Ehebetrug beziehungsweise

Eheerschleichung. Was das ist, ist wieder im besten Behördendeutsch formuliert: „Das arglistige Verschweigen eines Ehehindernisses bei Eingehung einer Ehe oder die arglistige Verleitung des anderen Teils zur Eheschließung.“ Bis hin zum Eherecht könnte ich noch etliche solcher Beispiele zitieren.

Gebetsmühlenartige Handbewegung, Vortrag mit spöttischer Stimme, am Schluss des Absatzes Wirkungspause

Doch ich will euch keine Angst machen und verrate euch ein Geheimnis: *So* kompliziert ist die Ehe gar nicht. In der Wirklichkeit nämlich liefert sie viele Gründe, oft zu feiern. Dabei meine ich noch nicht einmal Geburt oder Taufe. Ich spreche von einem anderen Stichwort aus dem Lexikon: Hochzeit. Früher, im Mittelalter wurde jedes hohe Fest so bezeichnet.

Der Redner stellt klar, dass die Ehe wirklich ein Grund zur Freude ist.

Das hat sich, wie wir wissen, geändert. Aber eins ist geblieben: Der Tag der Hochzeit ist ein so besonderes Datum, dass wir ihn jedes Jahr begehen – meistens allein oder zusammen mit den Kindern. Doch es gibt auch für große, rauschende Feste Anlass: die Silberhochzeit nach 25 Jahren beispielsweise. Am 50. Hochzeitstag wird dann die goldene Hochzeit gefeiert, die diamantene am 60. und – wenn man ganz großes Glück hat – die eiserne nach 65 Jahren, die Gnaden-Hochzeit nach 70 Jahren und Kronjuwelen-Hochzeit nach 75 Jahren. So jedenfalls die offiziellen Namen der Hochzeitstage.

Aber es gibt noch eine Menge weiterer Anlässe, so ein hohes Fest zu feiern. Man benötigt dafür nur ein bisschen Fantasie. Dazu will ich – ohne Anspruch auf Vollständigkeit – ein paar Möglichkeiten aufzählen: Bremer beispielsweise feiern die sogenannte blecherne Hochzeit nach acht Jahren, Holländer die zinnerne schon nach sechseinhalb. Amerikaner lieben’s noch lustiger: Sie begehen nach fünf Jahren die hölzerne Hochzeit.

Im Land der unbegrenzten Möglichkeiten gibt es außerdem noch die papierene Hochzeit. Die wird schon nach einem Jahr gefeiert. Ich vermute, das ist eine Erfindung aus Hollywood. Damit selbst die scheidungsfreudigen Schauspieler mal ein Ehejubiläum feiern können …

Zwischendurch wird die Rede durch einen Scherz aufgelockert.

Der Redner greift sich an die Stirn, als ob er etwas vergessen hätte.

Ach ja, im Lexikon habe ich auch vom *Hochzeitsflug* gelesen. Damit ist das Ausschwärmen der Bienen oder Ameisen gemeint. Ich denke aber, die Wissenschaftler und Lektoren haben dabei einen wichtigen Aspekt außer Acht gelassen: die Reise in die Flitterwochen.

Zum Schluss wieder die Verbindung zwischen Lexikon und Brautpaar

Beate und Bernd werden sie sicher genießen. Und auch im *Alltag*, der den Flitterwochen unweigerlich folgt, werden sich die beiden gut verstehen. Wenn man die Harmonie und den liebevollen Umgang der beiden miteinander beobachtet, kann man nur zu dem Schluss kommen: Die beiden haben sich gesucht und gefunden.

Der Redner spricht direkt zum Brautpaar.

Nicht nur für die Flitterwochen wünsche ich euch eine wunderschöne Zeit. Ich wünsche euch vor allem, dass ihr viele Ehejubiläen feiern könnt. Und uns, dass wir oft mitfeiern dürfen. Am besten schon beim Fest zur papierenen Hochzeit.

Eine spontane Rede zur Hochzeit

Anlass:	*eine enge Freundin gratuliert zur Hochzeit*
Ort:	*der Festsaal in einem Lokal*
Publikum:	*Familien und Verwandte der Brautleute, Freunde*
Zeitpunkt:	*beim Kaffee nach dem Essen*
Stil:	*fröhlich, locker*
Dauer:	*ca. 2 Minuten*

Liebe Heike, lieber Thorsten,

dass ich Braut und Bräutigam zu euch sagen kann, ist zeitlich sehr eng begrenzt. Eine einmalige Chance, sozusagen. Die will ich mir nicht entgehen lassen.

Die Einleitung beginnt mit einem klassischen Vorurteil und leitet nahtlos in den Hauptteil über.

Also liebe Braut, lieber Bräutigam, wenn wir der landläufigen Meinung in den Liebesromanen, Filmschnulzen und Klatschblättern glauben dürfen, dann feiert ihr heute den schönsten Tag eures

Lebens. Allerdings heißt es da meistens: „Sie erlebte den schönsten Tag ihres Lebens …“

Ich weiß gar nicht, warum dieser glückselige Zustand *meistens* nur der Braut zugeschrieben wird. Als ob der Bräutigam nicht genau dieselbe Verbindung eingeht und genauso glücklich sein kann. Mag ja sein, dass es Einzelfälle gibt, wo das tatsächlich nicht zutrifft.

Wirkungspause nach dieser zentralen Feststellung

Aber bei Thorsten scheint mir das definitiv *nicht* der Fall zu sein. Der macht einen absolut glücklichen Eindruck. Er hat, wie ich finde, auch *allen* Grund dazu. Schließlich hat er heute seine Traumfrau geheiratet. Und Heike sieht genauso glücklich aus.

Klarstellung zu den vorher aufgestellten Behauptungen

Schaut ihnen nur mal in die Augen. Die beiden strahlen immer noch so verliebt wie an dem Tag, als ich sie zum ersten Mal zusammen gesehen habe. Schon damals dachte ich: Die zwei passen wirklich gut zusammen. Schön, dass sich bei Heike und Thorsten dieses Gefühl noch so weit verstärkt hat dass die beiden heute geheiratet haben. Da kann man doch wirklich sagen: Liebe Heike, lieber Thorsten, heute ist wirklich der schönste Tag in eurem Leben, bleibt so herrlich verliebt, wie ihr es jetzt seid.

Das ist eigentlich auch der Grund, warum ich in dieser Runde so spontan das Wort ergriffen habe: Ich wünsche euch beiden von Herzen, dass das so bleibt. Oder jedenfalls so ähnlich. Denn in meinen Augen seit ihr ein *Traumpaar.* Das habe ich euch schon mal gesagt und wollte es euch als Brautpaar unbedingt noch mal sagen und mit euch darauf anstoßen. Alles Liebe und Gute zur Hochzeit und ein langes, glückliches Eheleben!

Zum Schluss Wechsel von liebevollem Spott zu Herzlichkeit

Die Rednerin ergreift ihr Glas und stößt mit dem Brautpaar an.

Ehejubiläen

Eine Liebeserklärung an Maria

Anlass:	*Fest zur Silberhochzeit*
Ort:	*der Festsaal in einem Hotel, das festlich geschmückte Wohnzimmer*
Publikum:	*Familie, Verwandte, Trauzeugen, Freunde*
Zeitpunkt:	*beim Festmahl nach der Vorspeise*
Stil:	*heiter, mit einem Schuss Selbstironie*
Dauer:	*ca. 6 Minuten*

Meine liebe Maria, meine lieben Trauzeugen, die ihr uns bei der Eheschließung beigestanden habt, liebe Verwandte und Freunde. Und natürlich: liebe Kinder,

Einleitung beginnt mit einem Rückblick. Überleitung zum Hauptteil führt in die Gegenwart.

wenn ich mich recht erinnere, war ich acht Jahre alt, als ich das erste Mal auf einer Silberhochzeit war. Damals erschienen mir die Hochzeits-Leute steinalt. Die zweite Silberhochzeit, die ich mitgefeiert habe, war die meiner Eltern. Da erschienen mir die Beteiligten zwar nicht mehr so steinalt, aber immerhin … Auf jeden Fall konnte ich mir damals gar nicht vorstellen, selbst einmal 25 Jahre lang verheiratet zu sein. Das kam mir damals so vor wie ein ganzes Menschenalter.

Der Redner wendet sich seiner neben ihm sitzenden Frau zu, anschließend Rundblick durch den Raum.

Heute, liebe Maria, feiern wir nun unsere Silberhochzeit. Und es ist wirklich kein Menschenalter her, dass wir vor dem Traualtar standen und uns das Jawort gaben. Wenn ich mich jetzt so umschaue in unserer Runde, sehe ich auch fast nur Menschen mittleren Alters. Und die sind alle gesund und fit, soweit ich das beurteilen kann. Außerdem gutaussehend und bester Laune. Von steinalt kann selbstverständlich auch keine Rede sein.

Vor allen Dingen nicht bei dir, liebe Maria. Ich hatte immer davon geträumt, eine gutaussehende, kluge Frau zu heiraten. Dieser Traum ist vor 25 Jahren in Erfüllung gegangen.

Im Hauptteil wird dem Redeauftrag entsprechend Bilanz gezogen.

Mehr noch: Dieser Traum hält immer noch an. Du siehst besser aus denn je und zur Intelligenz hat sich das gesellt, was man Lebensklugheit nennt. Du bist, das kann man ohne Übertreibung sagen, die Seele unserer Familie. Ohne dich würde bei uns nichts so recht laufen. Die Kinder wären nie rechtzeitig zur Schule gekommen, ich wäre bestimmt in manche Falle getappt, wenn du mich nicht gewarnt hättest. Du hast mich zurückgehalten, wenn ich voller Wut einfach meinem Chef die Brocken hinschmeißen wollte.

Das ist das Besondere an dir: Du warst und bist immer für uns da, teilst mit uns Glück, Leid und Sorgen. Und wie nebenbei hast du für ein wunderbares Zuhause gesorgt, in dem wir uns alle so richtig geborgen fühlen können.

Wie schaffst du das eigentlich? Ich glaube, du hast übermenschliche Kräfte. Anders kann ich mir nicht erklären, wie du das alles unter einen Hut kriegst.

Wirkungspause nach der Beantwortung der rhetorischen Frage

Der zweite Teil des Redeauftrags wird erfüllt.

Ja, meine lieben Freunde, das ist eine Liebeserklärung an die Frau, die mich vor einem Vierteljahrhundert geheiratet hat. An die Frau, die damals geschworen hat, sie wolle zu mir halten in guten wie in schlechten Tagen. Diesen Schwur hat sie tapfer gehalten.

Ich glaube zwar, dass wir meistens gute Zeiten hatten. Aber es gab auch schlechte Tage – leider. Wer daran Schuld hatte, lässt sich im Nachhinein nicht immer klären. Eins steht jedenfalls fest: Es lag oft genug an mir. Das tut mir heute noch Leid, Maria. Und ich weiß: Wenn du nicht so besonnen wärst und so ausgeglichen, unsre Ehe hätte viele stürmische Zeiten erlebt.

Der Redner wendet sich wieder seiner Frau zu, unterstreicht seine Worte mit einer entsprechenden Handbewegung.

So aber haben wir harmonische und sehr glückliche 25 Jahre miteinander verlebt. Ich danke dir dafür und wünsche mir von Herzen, dass noch mindestens weitere 25 Jahre folgen werden. Darauf möchte ich mit dir und allen hier Anwesenden anstoßen.

Silberhochzeit – ein Trauzeuge gratuliert

Anlass:	*Fest zur Silberhochzeit*
Ort:	*der Festsaal in einem Hotel, an der festlich geschmückten Tafel im Haus des Silberbrautpaars*
Publikum:	*das Silberbrautpaar, dessen Kinder, Verwandte und Freunde*
Zeitpunkt:	*nach dem Hauptgericht*
Stil:	*heiter, locker*
Dauer:	*ca. 6 Minuten*

Liebe Andrea, lieber Wolfgang,

Einleitung mit einem Zitat

„ob zwei Leute gut getan haben, einander zu heiraten, kann man bei ihrer Silberhochzeit noch nicht wissen", hat die große Erzählerin Marie von Ebner-Eschenbach einmal geschrieben. Das mag vielleicht auf andere Ehen zutreffen. Aber, wie wir an eurem Beispiel heute sehen, eben nicht auf euch. Wenn die Dichterin euch gekannt hätte, hätte sie vermutlich diesen Satz nie gesagt.

Zur Bestätigung seiner Worte zeigt der Redner auf sich.

Als Trauzeuge und Freund, der eure Ehe seit nunmehr einem Vierteljahrhundert begleitet, kann ich das wohl beurteilen.

Überleitung zum Hauptteil mit dem Redeauftrag „Gratulation zur Silberhochzeit"

Ich kann euch heute nur bestätigen, was ihr vor 25 Jahren gefühlt habt: Eure Entscheidung, den Bund fürs Leben einzugehen, war richtig. Denn, so sieht es wenigstens bis jetzt aus, es ist wirklich ein Bund fürs Leben, den ihr geschlossen habt. Es war auch kein übereilter Entschluss, wie ich weiß. Denn ihr kanntet euch schon einige Zeit und habt den Alltag in eurer ersten gemeinsamen Wohnung erlebt, als ihr vielleicht noch gar nicht an Ehe dachtet. So ist zusammengewachsen, was zusammengehört.

Natürlich, dabei ging es nicht immer absolut harmonisch zu. Kräche gehören nun mal zum Leben. Oder, wie es der Schriftsteller Jurek Becker mal beschrieben hat: „Reibungswärme ist auch Wärme und hat auch einen Wert. Und Streit in einer Ehe hat vor allem den Zweck, Möglichkeiten der Versöhnung zu schaffen." Bei euch, liebe Andrea und lieber Wolfgang, ist die Reibungswärme zum Glück nie so heiß gewesen, dass ihr euch daran verbrannt hättet. Ihr habt sie in Nestwärme umgewandelt, wie euch eure Kinder ganz bestimmt bestätigen.

Kurze Wirkungspause nach dem Zitat

Als sozusagen neutraler Beobachter und euer Wegbegleiter von Anfang an habe ich mich oft gefragt: Wie schafft ihr es bloß, auch nach 25 Jahren noch immer so verliebt zu wirken, so viel Harmonie auszustrahlen? Die Antwort ist so einfach wie logisch: Ihr scheint euch wirklich zu mögen. Eben wie zwei Menschen, die wirklich zusammengehören.

Die Rede wird zwischendurch mit einer rhetorischen Frage aufgelockert.

Was mich immer beeindruckt hat, ist die Art, wie liebevoll ihr auch im manchmal stürmischen Alltag miteinander umgeht. Wie du, liebe Andrea, deinem Wolfgang den Rücken freigehalten hast, damit er sich auf seinen Beruf konzentrieren und Karriere machen konnte. So etwas ist nicht selbstverständlich. Ich kenne auch Fälle, in denen die Ehefrau ihrem Mann ständig Vorwürfe macht, weil er sich nicht an die 37 ½-Stunden-Woche hält, sondern fast jeden Tag länger im Büro bleibt. Dank deiner Hilfe hat er ja Karriere gemacht. Mit dem Erfolg, dass Wolfgang nach wie vor erst oft nach dem Abendbrot nach Hause kommt und du auch nicht mehr von ihm siehst.

Der Redner wendet sich direkt an die Silberbraut, sucht Augenkontakt.

Ich habe dich außerdem immer dafür bewundert, wie du Kindererziehung und Haushalt gemeistert hast. Und trotzdem hast du Zeit gefunden, einen Diskussionskreis nicht nur zu gründen, sondern auch zu leiten. Du hast dich in der Elternschaft der Schule engagiert und darüber hinaus noch deine wirklich sehenswerte Mineralien-Sammlung aufgebaut. Jetzt, nachdem eure beiden Kinder aus dem Haus sind, hast du sogar die Rückkehr in den Beruf geschafft. Ganz locker, als ob es nichts Leichteres gäbe.

All das, was ich eben aufgezählt habe, ist schon äußerst bemerkenswert. Aber das Fantastische an dir ist, dass du deine Familie bei all diesen Aktivitäten nie vernachlässigt hast. Du, lieber Wolfgang, hast genauso wie ich diese Leistung deiner Andrea bewundert. Und vor allem gewürdigt. Welche Ehefrau kriegt von ihrem Mann schon jede Woche einen Blumenstrauß? Darauf waren und sind manche der hier anwesenden Ehefrauen bis heute neidisch.

Der Redner wendet sich an den Silberbräutigam, sucht Augenkontakt, Wirkungspause am Schluss des Absatzes.

Doch die Blumen und die vielen anderen kleinen Geschenke sind nur ein äußeres Zeichen der Zuneigung und Anerkennung. Viel wichtiger war und ist, dass du Andrea entlastet hast, wo du nur konntest. Das war früher so beim Windelnwechseln. Oder du bist zu Hause geblieben, damit Andrea zu ihrem Diskussionskreis gehen konnte. Später hast du oft deinen Kindern bei den Hausaufgaben geholfen. Und noch heute drückst du dich vor keiner Arbeit im Haushalt, auch wenn man die noch immer als Frauenarbeit betrachtet.

Mindestens genauso wichtig ist, dass du immer ein offenes Ohr für die Freuden, Sorgen und Nöte deiner Familie hast, selbst wenn du gerade im Beruf viel Stress bewältigen musst. Genau das macht einen guten Familienvater aus. Wolfgang, ich habe den Eindruck, du bist ein echter Mustergatte.

Den Schluss wird – wie die Einleitung – um ein Zitat herum gebaut.

Theodor Fontane hat einmal gesagt: „Die Liebe lebt von liebenswürdigen Kleinigkeiten." In eurem Fall haben sich diese liebenswürdigen Kleinigkeiten zu einem Berg gehäuft. Ich glaube, das ist das wahre Geheimnis eurer Ehe. Ich hoffe, dass ich in 25 Jahren zur goldenen Hochzeit noch mehr darüber erzählen kann.

Lasst uns auf Andrea und Wolfgang und auf ihre wunderbare Ehe das Glas erheben.

Ein Sohn lobt seine Eltern

Anlass:	*Fest zur Silberhochzeit der Eltern*
Ort:	*der Festsaal in einem Lokal, das festlich geschmückte Wohnzimmer*
Publikum:	*die Eltern, Verwandte, Freunde der Eltern*
Zeitpunkt:	*nach der Nachspeise, vor dem Kaffee*
Ziel:	*Gratulation und Dank an die Eltern*
Stil:	*fröhlich*
Dauer:	*ca. 3½ Minuten*

Liebe Mama, lieber Papa,

Einleitung mit einem persönlichen Bekenntnis

heute halte ich zum ersten Mal eine richtige Rede und ich bin deswegen ganz schön aufgeregt. Doch bei so einem Anlass wie bei eurer Silberhochzeit kann ich nicht schweigend zur Tagesordnung übergehen. Es gibt nämlich ein paar Dinge, die müssen einfach gesagt werden.

Zum Beispiel, wie froh Klaus und ich sind, dass es euch gibt. Da schwingt natürlich auch Eigennutz mit. Denn: Wo wären wir ohne euch? Und: Was wären wir ohne euch? Das möchte ich lieber gar nicht wissen.

Leichtes Kopfschütteln nach den rhetorischen Fragen

Überleitung zum Hauptteil mit Redeauftrag „Gratulation"

Wir haben in all den Jahren oft Zoff gehabt, wenn es um die Schule ging. Oder wie lange wir aufbleiben dürfen. Oder wann wir von einer Fete nach Hause kommen mussten. Ganz ehrlich, ich hab mich manchmal tierisch geärgert über dich, Mama, weil du immer an meinen Klamotten oder den Haaren rumgenörgelt hast.

Und du, Papa, hast uns genervt mit deinen ewigen Vorschriften, deiner Pünktlichkeit. Als ob das Leben nur aus dem Einhalten irgendwelcher Erwachsenen-Regeln besteht. Und gehasst haben Klaus und ich, dass wir immer wieder zu hören bekamen: Das gehört sich nicht! Oder: Nun benehmt euch mal wie zivilisierte Menschen!

Gesichtsausdruck wechselt von normal zu liebevoll, zwischendurch nicken

Nein, keine Sorge. So schrecklich, wie das jetzt vielleicht klingt, seid ihr gar nicht. Wir haben euch auch immer geliebt für das Verständnis, das ihr uns entgegengebracht habt. Wir haben immer gespürt, wie ihr uns liebt. Wie ihr uns getröstet habt, zum Beispiel wenn ich eine Mathe-Arbeit verhauen hatte. Oder, wie ich dann doch in den Tennis-Club durfte, obwohl ich schon Reitstunden hatte. Oder wie ihr Klaus gegen seinen unfairen Physik-Lehrer verteidigt habt. Und wie klug ihr uns bei der Berufswahl beraten habt. Ich könnte noch eine Menge Dinge aufzählen: unsere tollen Ferien; die Sonntagnachmittage, an denen wir alle Malefiz gespielt haben; die langen Gespräche und, und, und …

Zusammenfassung, die zum Rede-Schluss hinführt

Das alles zusammen nennt man wohl Erziehung. Sie ist euch gelungen, wie ich finde. Wir hatten eine schöne Kindheit und haben ganz besondere Eltern, um die wir von unseren Freunden oft beneidet worden sind. Und das verdanken wir nur euch, liebe Eltern. Denn bei allem Stress, den wir miteinander hatten – das ist, glaube ich, aber in allen Familien so –, war es, wenn ich heute so zurückblicke, bei uns zu Hause trotzdem immer harmonisch. Ich kann mich nicht erinnern, dass ihr euch jemals ernsthaft gestritten hättet. Falls ihr doch mal Krach hattet, haben wir Kinder davon nichts gemerkt. Auch dafür möchte ich mich bei euch bedanken.

Mit eurer Art, wie ihr liebevoll miteinander und mit euren Kindern umgeht, habt ihr Maßstäbe gesetzt. Eure Ehe ist für Claudia und mich ein Vorbild. Ich wünsche mir, dass ich auch mal so eine gute Ehe führe und dass ich ebenfalls an meiner Silberhochzeit so happy bin. Auf alle Fälle finde ich es echt cool, wie ihr drauf seid.

Eine junge Ehe seit 50 Jahren

Anlass: *die Eltern feiern goldene Hochzeit*
Ort: *der Festsaal in einem Lokal*
Publikum: *das goldene Hochzeitspaar, Kinder, Enkel, Verwandte, Freunde*
Zeitpunkt: *nach der Vorspeise*
Ziel: *der Sohn gratuliert im Namen der Familie seinen Eltern zur goldenen Hochzeit*
Stil: *festlich-fröhlich*
Dauer: *ca. 3½ Minuten*

Liebe Eltern,

ich glaube, alle, die hier am Tisch sitzen, empfinden es als besonderes Glück, diesen Tag mit euch zu feiern. Denn es ist doch keineswegs selbstverständlich, dass ein Ehepaar goldene Hochzeit feiert und noch dazu bei so guter Gesundheit.

Formelle Einleitung und Überleitung zum Hauptteil, dem Anlass mit offiziellen Gästen angemessen

Was kann in 50 Jahren nicht alles passieren? Hier neben mir sitzen zwei Menschen, die wirklich wechselvolle und harte Zeiten miterlebt haben. Während ihrer Jugend herrschte Krieg. Als sie geheiratet haben, war zwar Frieden, aber das ganze Land war zerstört und arm. Die Zukunft sah damals überhaupt nicht rosig aus. Aber ihr habt an euch, an eure Liebe geglaubt. Ihr habt sogar in diesen komplizierten Zeiten gewagt Kinder in die Welt zu setzen. Für diesen Mut bin ich persönlich natürlich besonders dankbar.

Der Redner spricht das Goldhochzeitspaar direkt an und wendet sich ihm zu.

Euer Mut und eure Zuversicht sind ja dann auch belohnt worden. Ich erinnere mich noch gut an meine Kindheit in den 50er-Jahren. Da spielten wir noch auf Trümmergrundstücken, abends haben wir Vater von der Straßenbahn-Haltestelle abgeholt. Eines Tages aber warteten wir vergebens. Da war er mit dem Auto nach Hause gekommen. Unser erstes eigenes Auto, eine Sensation. Was haben

Der Redner beschreibt im Hauptteil, wie er seine Eltern erlebt hat.

wir für Touren damit unternommen! Die Sonntagsausflüge waren plötzlich bei uns Kindern viel beliebter, weil es immer viel weiter ging als bloß in den Stadtpark.

Überhaupt unser Familienleben. Das war einfach schön. Vor allem deshalb, weil ihr alles für uns Kinder getan habt, auch wenn es euch manchen Verzicht gekostet hat. Das ist mir allerdings erst viel später klar geworden. Damals war Geld ja noch richtig knapp. Dass trotz aller Schwierigkeiten bei uns eine besondere Harmonie herrschte, kann ich euch gar nicht hoch genug anrechnen. Was alle Kinder tun, haben wir damals natürlich auch versucht: euch gegeneinander auszuspielen, um irgendetwas durchzusetzen. Nur hat das ganz selten geklappt, was zeigt, dass zwischen euch ein großes Einverständnis herrschte. Das dauert bis heute, wie dieser Tag beweist.

Leichtes Kopfnicken als Zeichen des Verstehens

Ja, liebe Eltern, ihr braucht jetzt nicht so skeptisch zu lächeln. Ich weiß, nicht immer geht alles so glatt, wie es den Anschein hat. Aber auch das ist so bemerkenswert an eurer Ehe: Sie ist niemals, selbst wenn ihr Schwierigkeiten miteinander hattet, in Krieg ausgeartet. Das halte ich für vorbildlich und denke, wenn euch mehr Ehepaare nacheiferten, müsste die Scheidungsrate drastisch sinken. Dass es manchmal nicht ganz einfach läuft im Alltag, weiß ich. Schließlich habe ich auch schon mehr als zwei Jahrzehnte Ehe hinter mir.

Ihr seid jetzt ein halbes Jahrhundert gemeinsam euren Weg gegangen, immer im Gleichschritt. Das ist eine großartige Leistung und ein Beweis eurer großen Liebe zueinander. Und mit ein bisschen Glück und Gesundheit werden wir in zehn Jahren eure diamantene Hochzeit feiern. Darauf freuen wir uns heute schon.

Der Redner wendet sich zum Goldhochzeitspaar und sucht Augenkontakt.

50 Jahre sind wirklich eine Menge Zeit

Anlass: *goldene Hochzeit der Großeltern*
Ort: *der Festsaal in einem Lokal*
Publikum: *das goldene Hochzeitspaar, die Familie, Verwandte, Freunde der Großeltern*
Zeitpunkt: *nach dem Dessert, vor dem Kaffee*
Ziel: *der Enkel erklärt, warum er stolz auf seine Großeltern ist*
Stil: *festlich-fröhlich*
Dauer: *ca. 2½ Minuten*

Liebe Großeltern,

vielleicht ist es etwas ungewöhnlich, wenn ein Enkel ganz offiziell zur goldenen Hochzeit gratuliert. Aber es ist mir ein Bedürfnis, vor Zeugen zu sagen, was ich euch schon immer sagen wollte: Ihr seid die besten Großeltern der Welt. Ich finde, dieser Tag heute ist genau der richtige Anlass dafür.

Schon in der Einleitung ein großes Lob

Ich finde es super, dass ihr es 50 Jahre miteinander ausgehalten habt – ein halbes Jahrhundert. Das ist eine Zeitspanne, die ich mir kaum vorstellen kann. Deswegen habe ich für mich diese Rechnung aufgemacht: Ich bin jetzt 23 und selbst wenn ich doppelt so alt bin, habe ich die magische 50 noch immer nicht erreicht.

Überleitung zum Hauptteil

Wirkungspause und ungläubiges Kopfschütteln

50 Jahre sind wirklich eine Menge Zeit. Was wiederum für eure Ausdauer spricht. Und vielleicht für eure Geduld.

Das ist neben der Liebe, die ihr uns immer gegeben habt, die Eigenschaft, die ich am meisten an euch bewundere. Wie ihr an Festen wie Weihnachten oder Ostern, aber auch in den Ferien, die Horde eurer lauten und tobenden Enkel ertragen habt – alle Achtung! Ganz selten haben wir mal ein lautes Wort von euch gehört. Später, als wir dann größer waren,

Der Redner zeigt zur Anerkennung den Daumen.

haben wir miteinander diskutiert. Wir waren natürlich fast immer gegensätzlicher Meinung – unterschiedlicher Meinung sind wir übrigens mit unseren Eltern meistens auch. Aber die Diskussionen mit euch haben mich immer weiter gebracht. Weil ihr mit eurer unerschütterlichen Ruhe eure Sicht der Dinge erklärt habt. Meine Argumente und Ansichten habt ihr euch angehört und sie – wenn ihr sie nicht teilen konntet – wenigstens toleriert.

Zusammenfassung zum Schluss

Und diese Toleranz ist neben der Liebe und der Geduld die dritte Eigenschaft, die euch auszeichnet. Das Zusammenwirken aller drei ist, glaube ich, das Geheimnis von 50 Jahren Ehe. Sie sind wohl das Rezept, um einmal goldene Hochzeit feiern zu können.

Wenn jetzt die gute Fee käme und ich hätte einen Wunsch frei, dann würde ich mir wünschen, eure Liebe, Geduld und Toleranz zu erben. Denn schließlich will ich ja auch mal heiraten und eine glückliche Ehe führen.

Der Goldbräutigam spricht über das Zusammenhalten

Anlass:	*Fest zur goldenen Hochzeit*
Ort:	*der Festsaal in einem Hotel*
Publikum:	*Kinder, Enkelkinder, Verwandte, Freunde*
Zeit:	*nach dem Festmahl*
Ziel:	*Dank für die Glückwünsche, Bilanz ziehen*
Stil:	*heiter, manchmal mahnend*
Dauer:	*ca. 4½ Minuten*

Liebe Familie, liebe Freunde, vor allem aber: liebe Hiltrud,

Einleitung mit Dank

uns beiden ist heute so viel Ehre widerfahren, wie ich es kaum für möglich gehalten hätte. Herzlichen Dank dafür. Und dass bei diesen vielen Lobpreisungen auch ich eine Hauptrolle gespielt habe, kommt mir schon etwas merkwürdig vor. Bei

Der Redner verneigt sich

Hiltrud habe ich es gut verstanden, sie ist tatsächlich eine ganz besondere Frau.

Ich bin heute schon des Öfteren gefragt worden, worin das Geheimnis unserer guten und vor allem so dauerhaften Ehe besteht. Ich selber kann dazu eigentlich wenig sagen. Neulich habe ich aber ein Zitat gefunden, das am besten ausdrückt, was ich denke, und das mir natürlich schmeichelt: „Ich glaube nicht, dass die deutschen Männer Paschas sind", hat Dagmar Berghoff von der „Tagesschau" gesagt. „Männer, die ich so kennen lerne, von denen habe ich das Gefühl, dass sie es gut finden, eine selbstbewusste Frau zu haben, mit der man auch reden kann."

Überleitung zum Hauptteil mit einem Zitat

So eine Frau ist Hiltrud. Ihr, meine lieben Kinder, werdet das bestimmt bestätigen. Und auch mancher andere hier in unserer Runde wird sich an die vielen spannenden Diskussionen erinnern, in denen Hiltrud immer einen besonderen Aspekt einbrachte. Aber, das zeichnet sie mindestens genauso aus: Sie war und ist stets kompromissbereit. Wo ich Sturkopf unbedingt durch die Wand wollte, hat sie mit ihrer Besonnenheit mir den weniger schmerzvollen Weg zur Türöffnung gewiesen. Na ja, manchmal war es auch umgekehrt.

Im Hauptteil zieht der Redner Bilanz von 50 Jahren Ehe.

Amüsierter Blick und Wirkungspause

Vielleicht ist das das Geheimnis unserer Ehe: Wir sind nicht gleich auseinander gelaufen, selbst wenn der Haussegen mal tagelang schief hing. Wir haben das Versprechen vom Zusammenhalten in guten wie in schlechten Tagen noch ernst genommen und uns zusammengerauft. Heute neigen ja immer mehr Menschen dazu, schon bei der geringsten Schwierigkeit davonzulaufen. Scheidungen, das zeigt die Statistik, gehören ja fast schon zur Tagesordnung.

Verständnisloses Kopfschütteln

Die Leute wissen gar nicht, was sie verpassen. Eine Großfamilie, in der sich alle mögen, ist etwas Wunderbares. Das merke ich nicht nur heute. War es nicht schön, als wir alle in unserem ersten Auto unsere sagenhaften Sonntagsausflüge gemacht haben? Das war ein Lloyd 400, himmelblau mit Schiebedach. Was waren wir stolz, wenn wir mit knapp 90 Sachen den Berg runter mal einen Käfer überholen konnten. Und natürlich die großen Ferien. Als wir zuerst Österreich, die Schweiz und dann Italien entdeckten. Später, als die Kinder – wie wir damals sagten – im Halbstarken-Alter waren, sind sie lieber mit ihren Freunden losgezogen. So ist das nun mal. Aber, und darauf sind Hiltrud und ich stolz, die Familie hat immer zusammengehalten.

Eure Mutter und ich, liebe Kinder, haben es immer genossen, wenn ihr gemeinsam mit euren Kindern sonntags zum Kaffee gekommen seid. Dann war wieder Leben im Haus, so wie früher. Nur einen kleinen Unterschied gab es: Euer Kindergeschrei konnten wir damals noch besser aushalten. Inzwischen sind die Enkel schon in einem Alter, in dem sie weniger Krach machen, wenn man mal von ihrer Musik absieht. Und sie kommen auch ohne ihre Eltern vorbei. Manchmal sind wir dann Kummerkasten und Geheimnisträger. Oft sind wir auch die ersten, die eine besonders wichtige Nachricht erfahren. So viel Liebe und Vertrauen von unseren Enkeln – es ist wie die Ernte auf einem Feld, das man vor langer Zeit bestellt hat.

Zusammenfassung und Dank an die Gäste

Liebe, Ehe und Familie haben uns immer viel bedeutet. Das sind Ideale, die wir bis an unser Lebensende hochhalten. Klingt vielleicht ein bisschen altmodisch. Aber so sind Menschen wie Hiltrud und ich nun mal. Wir sind es gerne. Und ihr, meine lieben Freunde, scheint es auch ähnlich zu sehen. Hätten wir sonst heute so ein schönes Fest miteinander feiern können? Ich danke euch, dass ihr gekommen seid. Euch allen möchte ich noch sagen, wie schön es ist, mit einer wunderbaren Frau an seiner Seite alt zu werden. Das will ich noch eine Weile genießen. Also richtet euch schon mal auf unsere diamantene Hochzeit ein.

Der Redner weist mit einer eleganten Handbewegung auf seine Frau.

Geburtstage

Sabine wird 40

Anlass: *40. Geburtstag des Partners*
Ort: *zu Hause im Rahmen einer größeren Einladung*
Publikum: *Familie und gemeinsame Freunde*
Zeitpunkt: *nach Eintreffen aller Gäste, vor dem Essen*
Ziel: *eine Art Liebeserklärung*
Stil: *fröhlich*
Dauer: *ca. 3 Minuten*

Liebe Sabine …

Einleitung spricht Adressatin direkt an

… jetzt guck nicht so entsetzt. Ich verspreche dir, es wird eine kurze Rede, die dein Timing mit dem Essen nicht durcheinander bringen soll. Aber wenn ich sie später halte, hört mir womöglich keiner mehr zu, jedenfalls nicht so nüchtern und aufmerksam wie jetzt. Und das wäre schade, denn ich will dir hier vor allen gern etwas sagen, was ich schon lange auf dem Herzen habe. Heute ist die beste Gelegenheit dafür. Und die will ich mir nicht entgehen lassen.

Der Redner hebt entschuldigend die Hände.

Überleitung zum Hauptteil mit einer rhetorischen Frage

Ich finde es einfach fabelhaft, wie du dein und unser Leben managst. Kinder, Schule, Haushalt, den Job und deinen Mann, der nicht immer ganz einfach ist – wie machst du das bloß? Ich vermute, es hängt damit zusammen, dass ihr Frauen eben doch das stärkere Geschlecht seid.

Als du vor ein paar Jahren nach der Kinderpause wieder zurück in den Beruf wolltest, hast du den Haushalt und die Kinderbetreuung so gut organisiert, dass die Familie dein neues Doppelleben verkraftet hat, ohne Schaden zu nehmen. Oder wie seht ihr das, Kinder? Würdet ihr

Der Redner blickt fragend zu seinen Kindern, danach Wirkungspause.

sagen, dass Mamas Karrieretrip eurer Entwicklung geschadet hat? Sie ist doch eigentlich immer da, wenn ihr sie braucht. Dass alles so gut läuft, hängt natürlich auch damit zusammen, dass ihr so helle Kinder seid. Ich finde, Sabine, da haben wir wirklich Glück gehabt, die sind uns gut gelungen. Auch dafür danke ich dir.

Ein weiterer Aspekt im Hauptteil

Wir sind heute hier, um deinen 40. Geburtstag zu feiern. Ein Alter, in dem für die Frauen früher das Leben gelaufen war. Heute ist das ganz anders. Heute zeigen die Frauen in diesem Alter oft erst ihre wahre Stärke. Sie sind aktiver – und attraktiver als je zuvor. Du bist das beste Beispiel dafür, Sabine.

Der Redner wendet sich seiner Frau zu, schaut sie an.

Dass du schon 40 sein sollst … Das sieht man dir wahrhaftig nicht an. Ich finde eigentlich, du hast dich in all den Jahren kaum verändert. Und wenn, dann zum Positiven. Du bist eine richtige Powerfrau geworden. Eine von der angenehmen Sorte. Und dass du jetzt zum Lesen und für den Computer eine Brille brauchst – na und? Weitsicht hast du ja schon immer bewiesen. Zum Beispiel damals, als du beschlossen hast, im Urlaub einen Segelkurs zu machen und bei einem Anlegemanöver das Nachbarboot zu rammen. Sonst hätten wir uns wahrscheinlich nie kennen gelernt. Ich finde, das hast du gut gemacht.

Überleitung zum Schluss, der mit dem Glückwunsch endet

Liebe Sabine, ich danke dir für die schönen Jahre, die wir bisher, erst zu zweit, dann zu dritt und nun zu viert, miteinander verbracht haben. Und ich wünsche mir, dass noch viele Jahre folgen werden.

Neulich las ich einen Satz von einem amerikanischen Fotomodell, das jetzt, mit 42 Jahren, so gefragt ist wie nie zuvor in seiner Karriere. Sie erklärt sich das so: „Die 40-jährigen Frauen von heute sind die besten, die es je gab.“

Ich glaube, sie sprach von dir. Alles Gute zum Geburtstag, liebe Sabine.

Ein Fünfziger geht in die Luft

Anlass:	*50. Geburtstag des Ehemannes*
Ort:	*zu Hause oder im Festsaal eines Restaurants*
Publikum:	*Familie, Freunde*
Zeitpunkt:	*vor oder nach dem Essen*
Ziel:	*Ehemann ehren und gleichzeitig Gäste unterhalten*
Stil:	*heiter und liebevoll*
Dauer:	*ca. 4 Minuten*

Lieber Peter,

Kurze Einleitung mit unmittelbar anschließender Überleitung

ich weiß gar nicht, ob es eigentlich üblich ist, dass eine Frau zum 50. Geburtstag ihres Mannes eine Rede hält. Wahrscheinlich ist das eher ungewöhnlich. Aber du bist ja auch ein ungewöhnlicher Mann. Also passt es.

Oder ist es etwa normal, wenn ein Mann mit Mitte 40 beschließt, er müsse nun unbedingt Drachenfliegen lernen? In einem Alter, in dem andere gesetzte Herren mit dem Golfspielen anfangen, wenn sie sportlichen Ausgleich suchen? Nicht so mein lieber Mann. Der begnügt sich nicht damit, kleine weiße Bälle durch die Luft zu schlagen, der fliegt lieber selber durch die Lüfte. Ich glaube dir ja, dass es ein erhebendes Gefühl ist, so ganz ruhig da oben über die Landschaft zu kreisen. Trotzdem bin ich immer heilfroh, wenn du wieder sicher unten angekommen bist.

Die Rednerin weist mit großer Geste auf ihren Mann und schaut ihn liebevoll an.

Im Hauptteil Würdigung des Lebensweges

Hoch hinaus wolltest du ja schon immer. Und inzwischen hast du ja auch die obersten Sprossen der Karriereleiter erreicht und bist da, wo du hinwolltest. Es freut natürlich eine Ehefrau, wenn der Mann so erfolgreich ist. Aber ich muss sagen, es war teilweise auch hart erkauft. Wenn ich allein an die Umzüge denke, die wir im Laufe der Jahre so mitgemacht haben, weil dein Beruf das forderte. Und die Kinder haben ihren Papa manchmal tagelang nicht gesehen, weil er kam, wenn sie schon schliefen, und morgens vor ihnen aus dem Haus ging.

Aber eines muss ich dir bescheinigen: Am Wochenende warst du immer ganz für die Familie da. Ein richtiger Bilderbuch-Vater warst und bist du. Damals, als die Kinder noch klein waren, und auch heute noch. Ich hätte es auch durchaus verstanden, wenn du das Wochenende hinter der Zeitung und vor der „Sportschau" auf der Couch verbracht hättest. Aber wir haben ja schon festgestellt: Du bist ein ungewöhnlicher Mann. Und darum hast du mit deinen Kindern am Wochenende lieber Drachen steigen lassen oder Fahrradtouren unternommen, als dich hinter deinen Wirtschaftszeitungen zu verschanzen. Ein glückliches Familienleben, möchte ich rückblickend sagen.

Die Rednerin hebt resignierend die Arme.

Die Sache mit den Drachen hat dich ja leider nicht losgelassen. Heute stehen Vater und Sohn nicht unten und lassen ihren Drachen flattern, sondern sie treiben sich selber als Drachenflieger da oben herum. Was die Ehefrau und Mutter – wie gesagt – mit gemischten Gefühlen verfolgt. Jetzt flattere ich auch – aber aus Sorge um euch.

Überleitung zum Schluss beginnt mit einer rhetorischen Frage.

Aber, lieber Peter, du bist nun wirklich alt genug, um zu wissen, was du tust. Ich verspreche dir, ich rede dir nicht mehr rein. Ich schaue nur, dass die Beiträge zur Lebensversicherung immer pünktlich bezahlt werden. Was schenkt man einem Mann wie dir zum 50. Geburtstag? Für gewöhnlich geht es ja jetzt los mit den besonders guten Tropfen. Ich habe da auf deinem Gabentisch schon einige hochkarätige Weine von deinen Gratulanten entdeckt. Die normalen Männer um die 50 würden so eine Flasche zur Entspannung nach einem harten Arbeitstag oder zu einer besonderen Gelegenheit öffnen. Ich weiß schon, wann du dir diesen Genuss gönnst: nach einem besonders aufregenden oder weiten Drachenflug. Wenn du wieder wohlbehalten im warmen Zuhause gelandet bist.

Warm ist das Stichwort für mein Geschenk: Da ein Mann in deinem Alter mehr auf seine Gesundheit achten sollte – und wenn er das nicht macht, dann sollte das doch seine Frau tun –, bekommst du von mir ein neues Outfit für deine luftigen Eskapaden. Windschnittig und vor allem superwarm ausgestattet, damit du dir da oben wenigstens keine Erkältung holst.

Die Rednerin führt ihr Geschenk vor.

Lieber Peter, ich wünsche dir für dein neues Lebensjahrzehnt alles Liebe und Gute, vor allem Gesundheit. Und ich bin gespannt, was für ein verrücktes Hobby du dir bis zu deinem 60. Geburtstag zugelegt haben wirst.

Ein besonderer Muttertag

Anlass:	*Sohn oder Tochter gratuliert der Mutter zum 70. Geburtstag*
Ort:	*das Wohnzimmer oder ein Festsaal in einem Lokal*
Publikum:	*Familie, Verwandte, Freunde*
Zeitpunkt:	*beim Essen nach der Vorspeise*
Ziel:	*die Mutter ehren*
Stil:	*liebevoll*
Dauer:	*ca. 3 1/2 Minuten*

Liebe Mama,

Einleitung mit Tatsachenfeststellung

heute ist ein ganz besonderer Muttertag, was du schon an der großen Zahl der Gäste ablesen kannst, die sich dir zu Ehren hier versammelt haben: Du wirst, ich mag es selbst noch gar nicht glauben, tatsächlich schon 70.

Und nach wie vor bist *du* der Mittelpunkt der Familie, sozusagen der Fixstern, um den alles kreist. Kein Wunder, denn dein ganzes Leben lang hast du dich um unser Wohlergehen gekümmert. Du warst und bist der Mensch mit dem größten Verständnis für die Sorgen und Nöte deiner Kinder.

Der Redner sucht Augenkontakt mit seiner Mutter.

Niemand kann besser trösten als du. Du hast uns Kinder gelobt, wenn wir es brauchten. Du warst aber auch immer eine liebevolle Kritikerin.

Würdigung der Jubilarin im Hauptteil

Genau das habe ich immer an dir bewundert. Du durchleuchtest mit deinem klaren Verstand die Situation und sagst einem offen und ehrlich deine Meinung – selbst wenn sie für den Betroffenen manchmal unangenehm sein mag. Durch dich habe ich gelernt, wie wichtig es ist, sich auch einmal selbstkritisch zu betrachten. Auf eines konnte ich mich immer verlassen: Was auch geschah, du warst stets auf meiner Seite.

Das alles sind Gründe, warum ich heute noch so gerne nach Hause komme. Wie schön ist doch, wenn du mich in die Arme nimmst. Das ist dann so wie früher. Du siehst mich nur an und weißt, wie es mir geht. Ich glaube, so etwas kann nur eine Mutter. Und wenn außerdem noch mein Lieblingsgericht auf dem Tisch dampft, dann ist mein Glück perfekt.

Deine Enkel haben übrigens auch längst entdeckt, dass sie es nirgendwo besser haben können als bei dir. Sie finden es richtig schön, dass sie eine so jung gebliebene Großmama haben, die so viel mit ihnen unternimmt. Die Besuche im Zoo sind ein Höhepunkt. Die absolute Spitze aber war die Zugfahrt am Rhein entlang, zu der du die Kinder eingeladen hast. Beate und ich wundern uns immer, mit welchem Gleichmut du das Geschrei und die Tobereien deiner Enkel über dich ergehen lässt. Da hast du eindeutig bessere Nerven als wir.

Der Redner zeigt auf die Kinder. Am Schluss des Absatzes Wirkungspause

Wir fragen uns auch, woher du die Energie nimmst für deine anstrengenden Reisen nach Fernost oder nach Amerika. Sicher, da bist du auf einem Kreuzfahrtschiff. Aber anstrengend ist so eine Reise trotzdem. Zumal, wenn man wie du keinen Landausflug auslässt. Da macht sich wohl doch bezahlt, dass du noch immer regelmäßig im Sportverein zur Gymnastik gehst.

Überhaupt sind die Großmütter von heute viel jünger als die der früheren Generationen. Bestimmt erinnerst du dich an Oma, wie sie morgens ihr Haarnetz über den weißen Knoten spannte, nachdem sie ihr schwarzes Kleid mit den kleinen weißen Punkten angezogen hatte. Unsere Musik nannte sie angewidert „Amimusik". Ganz anders du. Deine Enkel reden mit dir über das traurige Ende von „Take That" und ihre Nachfolger, die „Backstreet Boys". Du weißt, was Techno ist, auch wenn du diese Musik – wie wir auch – nicht magst.

In der Überleitung zum Schluss weitere Gemeinsamkeit schaffen mit gemeinsamen Erinnerungen

Alles, was ich jetzt aufgezählt habe, sind Mosaiksteinchen, aus denen sich das Gesamtbild zusammensetzt: das einer umsichtigen, modernen Frau, die mitten im Leben steht – auch wenn wir ihr heute tatsächlich schon zum 70. Geburtstag gratulieren.

Der Redner wendet sich zunächst dem Publikum zu und dann der Jubilarin.

Zum Schluss, liebe Mama, haben wir alle noch eine Bitte: Bleib so, wie du bist.

Ein Sohn dankt seinem Vater

Anlass:	*Gratulation zum 75. Geburtstag des Vaters*
Ort:	*das Wohnzimmer oder ein Festsaal in einem Lokal*
Publikum:	*Familie, Verwandte, Freunde*
Zeitpunkt:	*beim Essen nach der Vorspeise*
Ziel:	*das Leben des Vaters würdigen*
Stil:	*liebevoll*
Dauer:	*ca. 4 Minuten*

Lieber Papa,

du hast mir mal gesagt, du stellst dich nicht gern in den Mittelpunkt. Und ich weiß, du stehst auch nicht gerne dort. Doch es gibt Tage, da lässt sich das nicht vermeiden. So ein Tag ist heute, nun musst du diese Last des Alters einmal ertragen. Und, sei ehrlich: Du wärst

Einleitung als Dialog zwischen Vater und Sohn

doch enttäuscht gewesen, wenn wir an deinem Ehrentag einfach so zur Tagesordnung übergegangen wären.

Start des Hauptteils mit der Beschreibung von Charaktereigenschaften

Bescheidenheit war ja schon immer so eine Art Markenzeichen von dir. Das hat dich dein ganzes Leben ausgezeichnet – jedenfalls so weit ich mich erinnern kann. Und das sind auch schon ein paar Jahre. Für die Familie hast du alles getan, ihr Wohl war dir heilig. Im Zweifelsfall hast du zurückgestanden, damit deine Frau und vor allem deine Kinder zufrieden waren. Wir haben das in unseren Kinder- und Jugendtagen immer als selbstverständlich hingenommen. Erst später sind wir draufgekommen, was du für uns geleistet hast. Nein, du brauchst jetzt nicht abzuwinken. Es ist wirklich so.

Kopfschütteln des Redners auf die (vermutliche) Reaktion des Geehrten

Und es ist etwas Besonderes. Denn deine Art, wie du die Rolle des Haushaltsvorstands – wie es so schön im Amtsdeutsch heißt – ausgefüllt hast, ist vorbildlich. Als ich noch zur Schule ging, habe ich auch andere Väter kennen gelernt. Denen zum Beispiel irgendwelche Äußerlichkeiten wie ihr glänzendes Auto wichtiger waren als der Familienfrieden. Die oft abends nicht zu Hause waren, weil sie lieber zum Skat gingen oder in den Sportverein. Meine Klassenkameraden haben mich regelmäßig beneidet, wenn ich erzählt habe, was wir wieder alles unternommen hatten. Wie oft sind wir zusammen ins Kino gegangen? Und erinnerst du dich an die wichtigen Gespräche, die wir hatten? Das waren Momente, da war ich richtig stolz auf meinen Vater, und das bin ich auch heute noch.

Wirkungspausen nach den rhetorischen Fragen und am Schluss des Absatzes

Überleitung zum Schluss mit Hinweis auf gemeinsame Erfahrungen

Erst später, als ich selbst schon im Berufsleben stand, habe ich ermessen können, was du in deinem Beruf geleistet hast. Gradlinig wie du bist, hast du dich nicht verbiegen lassen, auch wenn der Druck noch so groß war. Natürlich hast du Kompromisse schließen und manchen Umweg in Kauf nehmen müssen. Aber deine Ziele hast du immer erreicht.

Die Frage „Was sagen bloß die Nachbarn?“ hat dich nie geschert, du warst und bist so, wie du bist. Du hast deine festen Prinzipien, die wie Korsettstangen deines Lebens sind. Wegen deiner konsequenten Haltung habe ich dich früher oft für einen sturen Bock gehalten und manchmal – besonders in meiner Jugend – auch verflucht. Heute bewundere ich dich dafür und wünsche mir, dass mir das in meinem Leben auch gelingt.

Lieber Papa, eigentlich wollte ich dir nur zwei Dinge sagen. Herzlichen Glückwunsch und: Ich bin froh, einen Vater wie dich zu haben.

Ein runder Mann feiert runden Geburtstag

Anlass:	*ein Freund gratuliert zum runden Geburtstag*
Ort:	*das Wohnzimmer*
Publikum:	*Familie, Verwandte, Freunde*
Zeitpunkt:	*nach dem Essen*
Ziel:	*dem Freund eine Freude machen, Gäste unterhalten*
Stil:	*heiter*
Dauer:	*ca. 3 Minuten*

Lieber Ulf,

Beschwingter Einstieg

es gibt an diesem fröhlichen Tag auch ein paar nachdenkenswerte Dinge zu sagen. Nein, du brauchst jetzt keine Sorge zu haben, dass ich tiefschürfend werde. Du wirst schon sehen …

Wirkungspause nach der Einleitung

Überleitung zum Auftrag der Rede: unterhalten

Zunächst einmal soll ich dir Grüße und Glückwünsche der Rentenversicherung bestellen. Sie schätzt dich seit Jahrzehnten als ordentlichen Beitragszahler und ist dir auch dankbar, dass du mit Lisa und Martin deinen Teil für den Fortbestand des Generationenvertrags geleistet hast. Was man so nicht von jedem in unserer Runde behaupten kann. Auch der Finanzminister gratuliert dir und ist dir ebenfalls dankbar, dass du ihn Monat für Monat so großzügig mit einem stattlichen Teil deines Einkommens beglückst. Er wünscht dir übrigens ein langes und vor allem ertragreiches Berufsleben, hat er mir mitgeteilt, als ich ihn nach seinen Geburtstagswünschen für dich gefragt habe. Er hat allerdings auch gesagt, was danach ist, interessiere ihn nicht mehr sonderlich. Was der Präsident der Rentenversicherung zu diesem Thema gesagt hat, verschweige ich lieber. So sind sie halt, diese Egoisten.

Wieder Wirkungspause einlegen

So, das war der offizielle Teil.

Überleitung auf die Interessen des Freundeskreises

Im Gegensatz zum Finanzminister bin *ich* allerdings der Ansicht, dass du, anstatt deine ganze Zeit dem Beruf zu widmen, dir etwas mehr Muße für deine Hobbys nehmen solltest. Ich finde, deine elektrische Eisenbahn könntest du allmählich mal fertig ausbauen – schon seit Jahren möchte ich endlich damit spielen. Und wann kommst du mal wieder zum Tennis? Du siehst, es ist gut, dass du wieder ein Jahrzehnt geschafft hast und der Pensionierung einen Schritt näher gekommen bist. Deine Freunde brauchen dich schließlich noch dringender als der Finanzminister.

Mit entsprechender Handbewegung Freundeskreis einschließen

Überleitung zum Schluss, in dem ein Zitat eingebaut ist

Eigentlich gibt es kaum etwas auszusetzen an dir. Du hast Erfolg in deinem Beruf, deine Frau und die Kinder machen einen glücklichen Eindruck. Und wenn du dir etwas mehr Zeit fürs Trainieren nehmen würdest, könntest du ein Ass im Tennis sein. Ein bisschen mehr körperliche Betätigung wäre wahrscheinlich kein Fehler. Du bist genau der Typ Mann, den der große und schwergewichtige Schauspieler Orson Welles so beschrieben hat: „Erfolg steigt den Menschen vielfach zu Kopf, aber am schlimmsten wirkt er sich für gewöhnlich auf die Bauchpartie aus.“

Als ich das Zitat neulich gelesen habe, da habe ich doch gestaunt: Lieber Ulf, woher kennt ihr beiden euch?

Endlich volljährig!

Anlass:	*Gratulation zum 18. Geburtstag der Tochter*
Ort:	*das Wohnzimmer*
Publikum:	*Familie, Freunde, Partygäste*
Zeitpunkt:	*zu Beginn der Party*
Ziel:	*dem Geburtstagskind Glück wünschen*
Stil:	*liebevoll*
Dauer:	*ca. 3 Minuten*

Liebe Michaela,

dies ist er nun, der Tag, auf den du so lange gewartet hast: Endlich bist du volljährig. Vorbei die Zeiten mit Sprüchen wie „Solange du die Füße unter meinen Tisch stellst ..." Endlich hat dir keiner mehr was zu sagen. Und nun das: schon wieder so eine nervige Predigt. Aber keine Sorge. Erstens ist es keine und zweitens: Wenn du es tatsächlich so empfindest, denk dran, es ist eine der letzten. Und das ist doch erträglich, oder?

Einleitung mit der Aufzählung von Plattitüden

Ab sofort kann dir keiner mehr reinreden, schon gar nicht deine Eltern. Ich kann gut verstehen, wenn du so denkst. Wir haben nämlich auch so gedacht. Diese Gedanken sind richtig und falsch zugleich. Natürlich, bei Kaufverträgen müssen wir jetzt nicht mehr mit unterschreiben. Deine Unterschrift allein genügt, um dich in den finanziellen Ruin zu treiben. Selbstverständlich kannst du jetzt so spät nach Hause kommen, wie du willst, ohne uns Rechenschaft schuldig zu sein. Und draußen wirst du richtig ernst genommen, weil du ruckzuck entscheidest und dein Wort gilt. Endlich kannst du jetzt tun und lassen, was du willst – schöne Aussichten!

Die Plattitüden werden im Hauptteil widerlegt.

Wirkungspause einlegen

Das stimmt, im Prinzip jedenfalls. In Wahrheit, das wirst du bald merken, ist es nicht ganz so. Ein paar Regeln muss man immer noch einhalten, ob man will oder nicht. Das allein ist schon eine Frage des reibungslosen Zusammenlebens. Es kann nämlich ganz schön nerven, wenn einem einer mit seiner Art und seinen Angewohnheiten dauernd auf die Zehen tritt. Und einen Boss, der einem seinen Willen aufdrängt, hat praktisch jeder. Du siehst, das meiste bleibt eigentlich so, wie es vorher war.

Klar, die Freiheit ist ein bisschen größer geworden. Aber die Verantwortung, die du dir selbst gegenüber hast, ist ebenfalls gewachsen. Mit dem Älterwerden ist das nämlich so eine Sache: Fehler werden einem immer seltener verziehen, ganz nach dem Motto: Die weiß doch, was sie tut, schließlich ist sie ja erwachsen.

Der Redner breitet die Arme aus, so als ob er jemanden willkommen heißt.

Es wird viele Situationen geben, in denen du nicht so recht weißt, wie du dich entscheiden sollst. Keine Sorge, das ist normal. Das geht jedem so. In solchen Fällen ist es doch gut zu wissen: Da gibt es Menschen, zu denen ich Vertrauen habe, mit denen ich mich beraten kann.

Genau das ist unser Angebot: Wir sind auch weiterhin für dich da. Bei Verträgen zum Beispiel. Über solch verzwickte Dinge haben wir auch früher schon gemeinsam beraten. Und auch bei anderen komplizierten Fragen. Eltern sind nun mal so: Sie lassen ihre Kinder nur ungern allein, selbst wenn sie volljährig sind.

Überleitung zum Schluss

Keine Sorge, wir wollen deine Freiheit nicht beschneiden, uns nicht einmischen und aufdrängen schon gar nicht. Wir versuchen es jedenfalls – versprochen. Es handelt sich, wie gesagt, um ein Angebot. Wir freuen uns, wenn du es annimmst und wir Partner bleiben wie bisher.

Alles Gute fürs neue Lebensjahr und viel Spaß beim so genannten Ernst des Lebens.

Eine Überraschung zum 40. Geburtstag

Anlass:	*Geburtstag eines Freundes*
Ort:	*der Ort, an dem die Überraschungsparty gefeiert wird*
Publikum:	*Freunde, Familie*
Zeitpunkt:	*zu Beginn der Überraschungsparty*
Ziel:	*dem Geburtstagskind eine Freude machen*
Stil:	*fröhlich*
Dauer:	*ca. 3 Minuten*

Lieber Bernie,

du glaubst doch wohl nicht ernsthaft, dass du an deinem 40. Geburtstag auf uns verzichten kannst? Mit so was wollen wir gar nicht erst anfangen. Wenn es was zu feiern gibt, sind wir dabei – immer. Und wenn das Geburtstagskind nicht einlädt, laden sich die Gäste eben selbst ein.

Einleitung mit einer rhetorischen Frage

Mit ein wenig Schadenfreude habe ich vorhin von Ursel gehört, wie enttäuscht du warst, dass dich heute niemand angerufen hat. Aber glaubst du wirklich, dass wir dir am Telefon gratulieren, wenn wir das persönlich tun können? Pauschal hast du unsere Glückwünsche ja bereits gehört. Ich gebe zu, unser „Happy Birthday"-Chor klang zwar nicht ganz astrein, dafür aber kam er von Herzen.

Überleitung zum Hauptteil

Wir wissen, dass du aus deinem 40. Geburtstag keine größere Sache machen wolltest. Aber Berni, ein 40. muss doch gefeiert werden. Und eins darfst du auch nicht vergessen: Du bist zwar der Anlass unserer Party, aber nur einer von – lass mich mal kurz nachzählen – 23 gut gelaunten Leuten.

Redner macht eine besänftigende Handbewegung.

In deinem Alter, das weiß ich aus eigener Erfahrung, kommt man so langsam in die Situation, die man Midlife-Crisis nennt. Da braucht man Freunde, die zu einem halten. Auf dem Gabentisch

Der Redner baut eine These auf.

habe ich ein Buch entdeckt, das ziemlich genau beschreibt, was ein Mann so fühlt, wenn er in die Jahre kommt. Wenn man morgens vor dem Spiegel entdeckt, dass die Geheimratsecken wieder gewachsen sind, von der Zahl der grauen Haare einmal ganz abgesehen. Wenn du dich nach einer langen Nacht völlig zerschlagen fühlst und denkst, früher habe ich das doch immer locker weggesteckt. Und die meisten von uns haben auch schon entdeckt, dass sie in ihrer Firma längst nicht mehr zum hoffnungsvollen Nachwuchs gehören, sondern zum sogenannten mittleren Management. Ich weiß genau, wie es schmerzt, wenn plötzlich so ein junger, dynamischer 32-Jähriger die Abteilung übernimmt, die du eigentlich leiten wolltest. Ach, gib nicht so viel darauf, der Knabe wird auch mal 40.

Der Redner deutet die typischen Bewegungen an.

Und tu bloß nicht so, als ob du plötzlich zum alten Eisen gehörst. Denk doch an die guten Seiten. Du kannst dir endlich den Motorrad-Urlaub in Amerika leisten, von dem du vor zehn Jahren geträumt hast. Dein Auto heute ist auch mindestens eine Klasse besser als damals. Unsere gemeinsame Wein-Reise durch die Toscana hättest du noch vor fünf Jahren stinklangweilig gefunden. Du siehst, älter zu werden hat auch seine Vorteile. Oder willst du etwa noch einmal die Ochsentour durch die Firmenhierarchie machen?

Vorbereitung auf den Schluss

Gut, du hast dir im Moment mal deine kleine Krise gegönnt. Es stimmt, die wunderbaren, langbeinigen Mädels in ihren Mini-Röcken stehen mehr auf Twens, der Türsteher an der Disco schaut schon ein wenig abschätzig, wenn wir davorstehen. Aber ist das wirklich ein Grund, in die Krise zu geraten?

Damit ist es noch früh genug, wenn dir jemand im Bus seinen Platz anbietet. Aber dafür bist du viel zu fit – garantiert.

Besondere Anlässe

Ein teures Haus wird immer wertvoller

Anlass:	*der Bauherr spricht zum Richtfest*
Ort:	*vor dem mit Richtkranz geschmückten Rohbau oder bei schlechtem Wetter im Saal eines Lokals*
Publikum:	*Familie und Freunde des Bauherrn, der Architekt und die Handwerker*
Ziel:	*Dank für geleistete und Motivation für die kommende Arbeit*
Stil:	*feierlich, mit einem Schuss Heiterkeit*
Dauer:	*ca. 3 Minuten*

Lieber Herr Architekt Maier, liebe Handwerker, liebe Freunde,

Einleitung mit der ersten Zeile eines alten Kinderlieds

„Stein auf Stein, Stein auf Stein, das Häuschen wird bald fertig sein", haben wir als Kinder immer gesungen. Heute sehen wir, wie das in Wirklichkeit aussieht. Für mich ist es vielleicht viel schöner und spannender als für Sie, liebe Anwesende, denn ich bin der Bauherr.

Überleitung zum Hauptteil

Wie das klingt – Bauherr. Dabei gebührt dieser Titel eigentlich der Bank. Sie hat nämlich zum größten Teil das bezahlt, was wir heute hier sehen. Man kann sagen: Ich bin bis unter den bekränzten Dachstuhl verschuldet – noch.

Der Redner weist mit der Hand über sich.

Doch es gibt begründete Hoffnung, dass es nicht so bleiben wird. Forscher von zwei Wirtschaftsinstituten haben ermittelt, dass in Hessen zwischen 1997 und 2000 der Wert so genannter Eigentumsimmobilien landesweit mit 28 Prozent am stärksten gestiegen ist. Schlusslichter waren das Saarland und Rheinland-Pfalz mit immer noch stolzen Wertsteigerungen von 16 beziehungsweise 15 Prozent. Diese Zahlen versprechen mir, auch wir werden von dieser Entwicklung profitieren: Mein Haus samt Grundstück wird Jahr für

Jahr wertvoller. Vielleicht nicht mehr so schnell wie früher, aber eine Wertsteigerung ist garantiert.

Der Redner wendet sich direkt an den Angesprochenen, sucht Augenkontakt.

Auf der anderen Seite zeigen die Zahlen auch: Wie auf einem Taxameter kann man zuschauen, wie alles teurer wird. Deswegen bin ich Ihnen als Architekt, Herr Maier, besonders dankbar. Mit Ihrer Hilfe haben wir es geschafft, bisher im Kostenrahmen zu bleiben. Das war für Sie oft nicht leicht, denn Sie mussten uns immer wieder teure Extras ausreden, von denen wir meinten, wir müssten sie unbedingt haben. Sie haben vollkommen Recht: Neben dem Hobbykeller brauchen wir keine Dusche, es reicht erst mal, wenn die Anschlüsse da sind. Wer weiß, vielleicht bauen wir eines Tages doch noch eine Sauna ein. Der Verzicht auf den Erker zum Beispiel ermöglicht später den Anbau eines Wintergartens und das Dach muss jetzt auch noch nicht perfekt ausgebaut sein. Wenn wir wieder einigermaßen bei Kasse sind, können wir das alles ja in Angriff nehmen. So ist uns auch um die Zukunft nicht bange: Langweilig wird es in und mit unserem Haus nie sein.

Dank an alle Beteiligten

Bedanken möchte ich mich auch bei den Maurern und Zimmerleuten, die bei Wind und Wetter den Rohbau hochgezogen und den Dachstuhl aufgeschlagen haben. Sie haben dafür gesorgt, dass bisher alle Termine eingehalten wurden. Auch wenn der Bauherr immer wieder auf der Baustelle auftauchte mit kleinen und manchmal auch größeren Änderungen. Dass alles bisher so gut geklappt hat, nehme ich als gutes Omen: Wir werden sicherlich zum geplanten Termin einziehen können. Und dann möchte ich wieder mit Ihnen allen feiern.

Ausdruck von Zuversicht für den weiteren Bauverlauf

Endlich im eigenen Heim

Anlass:	*der Hausherr spricht zur House Warming Party im neuen Haus*
Ort:	*das Wohnzimmer, eventuell (im Sommer) Terrasse und Garten*
Publikum:	*Familie, Freunde, Kollegen*
Zeitpunkt:	*zu Beginn der Party, wenn jeder Gast einen Begrüßungstrunk in der Hand hält*
Ziel:	*Gäste unterhalten, Stimmung heben*
Stil:	*heiter-beschwingt mit einem Schuss Selbstironie*
Dauer:	*ca. 5 Minuten*

Liebe Freunde,

„eigener Herd ist Goldes wert", sagt der Volksmund. Dieser Spruch ist uralt und ich frage mich: Wie konnten die Menschen damals ahnen, wie wahr diese Worte erst recht heute sind? Jeder, der einmal gebaut hat, kann diese Volksweisheit bestätigen. Aber ich will nicht klagen, wir haben es ja nicht anders gewollt. Im Gegenteil: Ich bin froh und stolz, dass wir – meine Frau und die Kinder – diesen für uns so besonderen Tag zusammen mit unseren Freunden feiern können.

Einleitung mit einer Volksweisheit und einer rhetorischen Frage

Worte mit entsprechender Gestik unterstützen, Familie mit einbeziehen

Denn so sicher waren wir nicht, dass es wirklich so kommen würde. Ich erinnere mich an die vielen Diskussionen, in denen wir uns immer wieder fragten: Haben wir nicht eine oder sogar mehrere Nummern zu groß geplant, können wir uns ein Haus wie dieses überhaupt leisten? Und dann die durchwachten Nächte. Wenn ich da saß, die Gehaltsabrechnung und den Ratenplan vor mir, und immer wieder alles durchkalkuliert habe. Zwischendurch kam Hildegard, die längst im Bett war, und fragte verschlafen: „Willst du nicht für heute Schluss machen? Du musst doch morgen wieder fit sein."

Überleitung zum Hauptteil, in den alle Gäste eingebunden sind

Wirkungspause nach dem Zitat

Meine Kollegen erinnern sich ebenfalls noch gut daran, wie oft ich morgens gähnend zur Arbeit kam. Die, die den ganzen Stress mit dem Bauen oder Kaufen schon hinter sich hatten, haben immer milde gelächelt. Sie wussten, dass diese Phase einfach dazugehört, um auch schließlich einmal sagen zu können: Ich denke daran, vielleicht dem Haus- und Grundbesitzerverein beizutreten.

Auch ihr, liebe Freunde, wart nachsichtig mit uns. Ihr habt wirklich geduldig ertragen, dass wir lange Zeit für andere Themen außer Bausparverträgen, Hypotheken, Architekten, Notartermin, Handwerker, Fliesen, Teppichböden, Klinken und so weiter kaum noch ansprechbar waren.

Für dieses Verständnis danken wir euch allen und versprechen, dass wir uns in Zukunft wieder wie normale Menschen benehmen werden. Wir können ab sofort wieder über Autos, Fußball, Kindererziehung, Mode und was es sonst noch an wichtigen Themen gibt reden. Ihr könnt sicher sein: Die Welt hat uns wieder.

Mit einer weiteren Volksweisheit wird ein Bogen zur Einleitung gespannt.

Der Volksmund – klug, wie er ist – sagt auch, man baut nur einmal im Leben. Das ist ein Satz, von dem ich hoffe, dass er genauso stimmt wie der vom eigenen Herd. Das wird jeder verstehen, der schon einmal in unserer Situation war: Den Stress mit Banken, Architekten, Handwerkern und der Bau-Behörde braucht man wirklich nur einmal im Leben.

Jetzt klingt es fast so, als ob ich mich die ganze Zeit beklage, dass wir ein neues Haus haben. Dabei ist das Gegenteil richtig. Wir sind froh und glücklich, dass wir uns jetzt unseren Schöner-Wohnen-Traum erfüllt haben. Und, wenn ich ganz ehrlich bin: Mir hat das Planen, die Rechnerei, das Verhandeln doch auch viel Spaß gemacht. Vor allem, wenn du siehst, wie deine eigenen vier Wände langsam wachsen, wird's richtig aufregend. Fragt Hildegard, sie hat das Gleiche gefühlt. Dann gehst du durch den Rohbau und stellst die Möbel in Gedanken dorthin, wo sie auf dem Plan schon längst stehen. Und kommst zum Ergebnis: Anders wäre es doch schöner. Beim Einzug haben wir

Kopf leicht schütteln, mit den Händen Bedeutung der Worte unterstreichen

dann nochmals einige Änderungen vorgenommen. Zur Zeit sind wir der Meinung, dass jetzt alle Möbel optimal platziert sind und wir uns so wohl fühlen können. Aber vorhin habe ich bei Hildegard schon wieder so ein Funkeln in den Augen gesehen und sie murmelte vor sich hin: „Wie wäre es, wenn die Couch nicht dort, sondern hier stehen würde …“

Ihr seht schon, liebe Freunde, bei uns wird es nicht langweilig werden. Auch wenn wir nicht noch mal bauen. Aber es gibt ja ein Dachgeschoss, das man ausbauen kann. Vielleicht kommt auch noch ein Wintergarten dazu. Und in ein paar Jahren müssen wir modernisieren.

Humorvoller Schluss: Ausblick auf künftige Baumaßnahmen

Spätestens dann gibt es wieder eine Housewarming-Party – versprochen.

Glückwunsch zur neuen Wohnung

Anlass:	*eine Freundin gratuliert*
Ort:	*das Wohnzimmer oder die Terrasse (im Sommer)*
Publikum:	*Hausfrau und Hausherr mit Familie und Freundeskreis*
Zeitpunkt:	*offen*
Ziel:	*Leistung würdigen, Stimmung heben*
Stil:	*heiter-beschwingt*
Dauer:	*ca. 2 Minuten*

In die Einleitung wird die Anrede integriert.

Es gibt Menschen, *liebe Annegret, lieber Hans,* die nennen ihre Villa bei der Housewarming-Party nur „meine bescheidene Hütte“, und erwarten im gleichen Atemzug heftigen Widerspruch. Jeder unter den Gästen weiß dann ganz genau, was er dem frisch gebackenen Eigentümer schuldig ist: Lob und tiefe Bewunderung für das neue Prachtstück.

Der Redner weist auf die Gastgeber. Wirkungspause nach der rhetorischen Frage

Wie schön, dass ihr beiden anders seid. Ihr zeigt offen euren Stolz auf die neue Wohnung. Warum sonst sollten wir heute diese wunderschöne Party feiern? Und ich muss sagen, ihr seid zu Recht stolz. Eure Wohnung spiegelt wider, wie ihr auch im Leben seid: großzügig, gastfreundlich, offen für Neues. Euer neues Heim ist wie eine Visitenkarte mit Goldrand.

Im Hauptteil wird der Redeauftrag erfüllt.

Dabei haben wir alle noch gut in Erinnerung, wie lange ihr hin und her überlegt habt, ob eure Entscheidung richtig ist. Wie viel Zeit und Mühe – mal abgesehen vom Geld – ihr in euer neues Heim gesteckt habt. Wie oft haben wir miterlebt, wie ihr um Detaillösungen gerungen habt. Wie ihr manchmal sogar heftig streiten konntet um so wichtige Dinge wie: Sollen die Kacheln im Badezimmer eher größer oder doch lieber etwas kleiner ausfallen? Wie wir alle heute gesehen haben, habt ihr nicht nur in diesem Fall einen hervorragenden Kompromiss gefunden.

Ich denke, eine Wohnung einzurichten verlangt wirklich eine gute Partnerschaft. Denn gerade dabei können so viele Dinge schief gehen, die später selbst die beste Ehe belasten. Das wissen wir doch alle aus eigener Erfahrung. Wir sind schließlich alle schon mal umgezogen, haben uns gestritten, wo das Bücherregal hin soll, wo die Couch dekorativer aussieht und wo welches Bild hängen soll, damit es so richtig zur Geltung kommt. Fallen gibt es viele, in die man hineintappen kann.

Aufzählung mit den Händen unterstützen, Wirkungspause am Ende des Absatzes

Irgendwann zeigt sich dann, wie gut und tragfähig eine Beziehung ist. Eure, das kann man wohl mit Fug und Recht sagen, ist glänzend. So wie die Fliesen in eurer Küche.

Zum Schluss verweist die Rednerin auf einen alten Brauch und endet mit einem Scherz.

Damit es so bleibt, habe ich zur Einweihung nach altem Brauch etwas mitgebracht: Salz und Brot. Beides möge euch nie ausgehen. Weder hier, in eurem neuen Heim, noch in eurer Ehe. In diesem Sinne: Alles Gute und dass ihr hier lange und glücklich und zufrieden leben werdet und nie mehr umziehen müsst. Wer weiß, ob ihr euch wieder auf so schöne Kacheln im Badezimmer einigen könnt.

Der zweite Ernst des Lebens

Anlass:	*die Mutter gratuliert ihrem Sohn zum Abitur*
Ort:	*ein ruhiger Ort in der Schule während der Abiturfeier oder zu Hause bei der Abifete*
Publikum:	*engster Familienkreis; Freunde und Schulkameraden*
Zeitpunkt:	*offen*
Ziel:	*mütterliche Worte zu einem neuen Lebensabschnitt*
Stil:	*sehr persönlich, vertraut, heiter*
Dauer:	*ca. 3 Minuten*

Lieber Burkhard,

mir scheint es noch gar nicht so lange her, dass Papi und ich dich zu deinem ersten Schultag begleitet haben. Die Schultüte war ungefähr halb so groß wie du, die Schultasche breiter als deine Schultern. Du hast zwischen deinen neuen Klassenkameraden auf deinem Platz gesessen und erwartungsvoll auf die Lehrerin geblickt. Erwartungsvoll und ein bisschen bang, denn damals waren Erwachsene für dich noch Respektspersonen. Die Lehrerin hat mich nicht enttäuscht, denn sie sagte genau das Gleiche, was Generationen von Schülern vor euch auch schon zu hören bekommen hatten, deine Eltern eingeschlossen: Dass nun der Ernst des Lebens beginnen würde. Dieser Satz ist wirklich ein Klassiker und vielseitig verwendbar.

Einleitung startet mit einer gemeinsamen Erinnerung.

Wirkungspause einlegen

Wahrscheinlich hast du damals gar nicht gewusst, was das ist, der Ernst des Lebens. Aber du hast es ihr geglaubt, weil man mit sechs Jahren noch alles glaubt, was Erwachsene so von sich geben. Heute, 13 Jahre später, hat sich das leider – oder auch zum Glück – geändert. Viel lässt du dir inzwischen nicht mehr von uns sagen, manche unserer elterlichen Ratschläge nerven dich sogar ganz gewaltig. Das ist natürlich dein gutes Recht – aber es ist auch unser gutes Recht,

Überleitung zum Hauptteil

sie doch noch hin und wieder anzubringen. Allerdings habe ich heute mehr Schwierigkeiten als früher, ihnen den nötigen Nachdruck zu verleihen, denn du hast die Jahre dazu genutzt, mir gewaltig über den Kopf zu wachsen. Ich gebe zu, das macht es mir bei meinen Erziehungsversuchen nicht gerade leichter.

Aber im Prinzip weißt du ja inzwischen selber, wo es langgeht. Seit heute hast du es mit deinem Reifezeugnis ja auch schwarz auf weiß, dass aus dir ein intelligenter, kluger, kritischer Erwachsener geworden ist.

Leichtes Kopfschütteln unterstreicht die Worte.

Ich muss gestehen, ich habe in den vergangenen 13 Schuljahren im Stillen manchmal daran gezweifelt, dass dieser Tag deines bestandenen Abiturs kommen würde. Denn mit deiner Hausaufgaben-Disziplin stand es ja bekanntlich nicht gerade zum Besten. Mit deiner Faulheit hast du mich oft wirklich zur Verzweiflung gebracht. Lässig hast du immer unsere Bedenken zur Seite gewischt. Da haben Papi und ich uns manchmal regelrecht gewünscht, dass du mal richtig reinfällst. Aber, zugegeben, du hast es immer wieder hingekriegt, auf die nötigen Punkte zu kommen, bist sogar ohne Ehrenrunde durch deine Schulkarriere geschlittert. Respekt, mein Sohn! Und Respekt auch für dein eindrucksvolles Abiturzeugnis. Das hast du wirklich gut hingekriegt, deine Eltern sind sehr stolz auf dich!

Nach den ernsten Worten folgt zum Schluss ein Scherz.

Und deine Mutter – du weißt ja, wie sie ist – hat zum Schluss natürlich noch einen letzten wertvollen Hinweis. Lieber Burkhard: Jetzt beginnt für dich mal wieder der Ernst des Lebens.

Penne ade

Anlass:	*Schulabschluss des Freundes*
Ort:	*bei der Abifete*
Publikum:	*Freunde, Schulkameraden, Familie*
Zeitpunkt:	*offen*
Ziel:	*für Stimmung sorgen*
Stil:	*fröhlich*
Dauer:	*ca. 1 Minute*

Hey Leute, macht doch mal die Musik ein bisschen leiser –
Also Timo,

du grinst ja immer noch so breit wie in der Aula, als du dein Abi-Zeugnis in Empfang genommen hast. Wenn ich dich so sehe, frage ich mich: Wieso heißt das Teil eigentlich auch Reife-Zeugnis? Es müsste doch besser Grinse-Zeugnis heißen. Das hat mir damals jemand gesagt, als ich mein Abi gemacht habe.

Einleitung mit Bezug auf ein Erlebnis, das gerade zurückliegt

Wirkungspause, Lacher abwarten

Da hat auch irgendjemand wieder mal vom Ernst des Lebens gelabert, der nun tatsächlich anfangen würde. Also, so schlimm ist das gar nicht. Gut, auf der Uni gibt's dann schon mal richtigen Stress. Aber auch da wird nur mit Wasser gekocht, das hast du bald raus. Und angenehmer ist es auch, wenn du dir deinen Stundenplan selber zusammenstellen kannst.

Du siehst, du hast wirklich Grund zu lachen. Vom großen Ernst keine Spur, jedenfalls vorläufig. Wär auch schade, der macht so viele Falten und die Haare grau. Lachfalten stehen dir jedenfalls besser. Und wenn du trotz allem mal schlecht drauf sein solltest: Besuch einfach deine alte Schule, guck dir die Pauker an, geh in der großen Pause über den Hof, dann weißt du, wie gut es dir geht.

Bleib so lange wie möglich so cool drauf wie jetzt. Dann klappt's auch locker mit dem Spaß.

Schluss in abgewandelter Werbesprache

Rückschau auf ein Studentenleben

Anlass:	*der Vater gratuliert zum bestandenen Examen*
Ort:	*zu Hause, ein festlicher Abend*
Publikum:	*Familie und Freunde*
Zeitpunkt:	*zu Beginn der Feier*
Ziel:	*die Leistung hervorheben*
Stil:	*stolz und heiter*
Dauer:	*ca. 4 Minuten*

Liebe Sonja,

Besinnliche Einleitung

nicht nur für dich, auch für uns ist dieser Tag von ganz besonderer Bedeutung. Nachdem du nun dein Studium erfolgreich abgeschlossen hast, kommt jetzt der Augenblick, von dem an du wirklich auf eigenen Füßen stehst. Im Prinzip haben wir uns alle schon daran gewöhnen können während deiner Studentenzeit und trotzdem ist alles neu. Doch was soll das mit der Wehmut? Uns allen ist doch viel mehr nach Feiern zumute. Der Anlass ist ja nun auch wirklich nicht zu verachten.

Der Hauptteil beginnt mit einer Erinnerung.

Man kann sogar sagen, du hast schließlich viele Jahre darauf hingearbeitet. Manchmal war es Spaß, oft genug aber war es auch Kampf. Verzeih deinem alten Vater, dass er sich noch einmal an das kleine Mädchen erinnert, das sich von der Last des Lebens und des Ranzens gebeugt auf den Weg zur Schule macht. Das aber meistens fröhlich und aufrecht mittags wieder nach Hause kam. Ich kann mir das nur so erklären: Wahrscheinlich hat dir damals jemand gesagt, mit der Schule beginnt der Ernst des Lebens. Anscheinend hast du diesen Blödsinn damals wirklich geglaubt. Irgendwann auf dem Gymnasium ist dann doch noch der Knoten geplatzt. Plötzlich bist du nicht mehr so gebeugt zur Schule gegangen, dein Gang wurde immer aufrechter und deine Leistungen immer besser. Ja, lach nur. Uns ist damals

Worte mit erhobenem Zeigefinger unterstützen, Wirkungspause einlegen

jedenfalls ein Stein vom Herzen gefallen. Eltern leben nun mal ruhiger, wenn es ihren Kindern gut geht und wenn es in der Schule klappt.

Nach dem Abi hat dir Onkel Günther prophezeit, nun würde mit Beginn des Studiums tatsächlich der Ernst des Lebens beginnen. Zum Glück warst du zu diesem Zeitpunkt längst nicht mehr so leichtgläubig wie als Schulkind, du hast einfach nur gelacht.

Die Leistung auf der Uni wird ausgiebig gewürdigt.

Irgendwie haben wir den Eindruck, dass du während deines gesamten Studiums viel gelacht hast. Dabei hast du ein Fach studiert, das mich zur Verzweiflung gebracht hätte. Ich hätte nie gedacht, dass man dabei so viel Freude empfinden kann. Besonders gefreut hat uns, dass du dein Studium nicht auf die leichte Schulter genommen hast nach dem Motto: Irgendwie komme ich da schon durch und was morgen ist, interessiert mich heute doch noch nicht.

Ich finde, du hast schon während der Zeit auf der Uni viel Verantwortungsbewusstsein gezeigt. Und trotzdem die Freude in deinem Leben nicht zu kurz kommen lassen. Was gibt es Besseres, wenn einem die Arbeit wirklich Spaß macht? Glaub mir, das ist das Beste, was einem widerfahren kann. Das kann ich dir aus eigener Erfahrung sagen. Und ich hoffe, dass dieses Gefühl dich dein weiteres Leben begleiten wird.

Auch wenn – irgendwann musst du ja mit der Wahrheit konfrontiert werden – nun tatsächlich der berühmte Ernst des Lebens beginnt. Ich sehe es schon richtig vor mir, wie du morgens von der Last des Alltags gebeugt das Haus verlässt und abends dann fröhlich pfeifend wiederkommst. Nein, das glaube ich nicht wirklich. Du wirst es schon schaffen, auch morgens fröhlich zu sein. So, wie du dein Studium voller Elan und Freude gemeistert hast, wirst du auch an deinem Beruf Freude haben und erfolgreich sein.

Der Redner unterstreicht seine Worte mit dem Zeigefinger, anschließend Wirkungspause.

Falls es irgendwann doch einmal klemmen sollte, dann freuen wir uns, wenn du zu uns kommst. Dann reden wir miteinander. So wie früher. Aber keine Sorge: Auch wenn du dann wieder die Füße

Zum Reden-Ausklang darf das Publikum noch einmal lachen.

unter unseren Tisch stellst, du musst nicht mehr befolgen, was wir dir sagen. Schließlich bist du jetzt eine Kapazität und weißt selber gut genug, was zu tun ist. Das hast du in den letzten Jahren oft genug bewiesen. Eins versprechen wir dir. Wir werden dir immer gerne zuhören, auch wenn wir dir mit fachlichem Rat wohl kaum helfen können.

Studentische Entzugserscheinungen

Anlass:	*Gratulation zum bestandenen Examen*
Ort:	*Feier mit Freunden*
Publikum:	*der Freundeskreis*
Zeitpunkt:	*Beginn der Feier*
Ziel:	*für Stimmung sorgen*
Stil:	*heiter*
Dauer:	*ca. 3 Minuten*

Lieber Ralf,

Rede-Einstieg: „Nostalgisches Schwelgen" in Erinnerungen

erinnerst du dich? Wie oft haben unsere feucht-fröhlichen Abende mit unserem gefürchteten Chor geendet, wenn wir Lieder wie „Olé, olé, oléolé, wir sind die Größten, olé" geschmettert haben. Eigentlich verwunderlich, dass wir bei unseren Stimmqualitäten nicht öfter aus der Kneipe geflogen sind. Heute, nach deinem so glänzend bestandenen Examen, müssen wir natürlich wieder singen, aber diesmal: „Olé, olé, oléolé, du bist der Größte, olé".

Okay, heute Abend ist noch alles fröhlich. Der morgige Tag ist auch schon so gut wie gelaufen. Wahrscheinlich wirst du einen schweren Kopf haben, ihn pflegen und dir wie „der Kleinste" vorkommen.

Wir, deine Freunde, aber fragen uns besorgt: Was machst du *ab übermorgen* den lieben langen Tag? Wie wirst du bloß mit dieser gähnenden Leere fertig, dieser grenzenlosen Langeweile? Ab sofort keine Vorlesung mehr; keine Resolution mehr, die dir zum Unterschreiben hingehalten wird. Wahrscheinlich darfst du als Ex-Student nicht mal mehr in die Mensa. Da wirst du vermutlich ziemlich bald unter ganz üblen Entzugserscheinungen leiden.

Der Redner zeigt in die Runde, legt nach den rhetorischen Fragen eine Wirkungspause ein.

Wir sehen dich schon ziellos durch die Stadt wanken – mit irrem Blick und zersausten Haaren. Der arme Kerl hat keine Verpflichtung, keine Beschäftigung mehr. Tja, so ein erfolgreiches Examen bedeutet nicht nur Freude, sondern auch eine komplette Lebensumstellung. Demnächst zum Beispiel ein geregeltes Arbeitsleben von neun bis halb sechs oder so ähnlich. Jackett statt Pullover, Hemd und Krawatte statt T-Shirt.

Lösungsmöglichkeit für ein „Horror-Szenario"

Wir haben deshalb die Kommilitonen von der Psychologie um Rat gefragt, wie wir dir helfen können. Sie rechnen damit, dass du unter großen Anpassungsschwierigkeiten leiden wirst. Wie schwer dieser Kulturschock sein wird, konnten sie nicht voraussagen. Damit du dich besser an den neuen Zustand gewöhnen kannst, haben sie uns geraten, dir ein Notfall-Set zusammenzustellen. Darin befinden sich unter anderem ein Vorlesungsverzeichnis fürs nächste Semester, damit du in schönen Erinnerungen schwelgen und von glücklichen Tagen träumen kannst, ein paar Resolutionsvordrucke, die du zu jedem Anlass ausfüllen kannst, und ein Henkelmann. Den füllen wir dir auf Anfrage gern mit dem berühmt-berüchtigten Mensa-Eintopf. So ausgestattet solltest du über den ersten Schock des harten Lebens außerhalb der Uni leichter hinwegkommen.

Die einzelnen Gegenstände werden hochgehalten.

Aber nun Schluss mit klugen Ratschlägen. Wie wir dich kennen, wirst du aus deiner neuen Situation schnell das Beste machen. Und jetzt sollten wir zu den wirklich wichtigen Dingen übergehen – nämlich ordentlich und lange feiern.

Zur Meisterprüfung

Anlass:	*der Vater gratuliert dem Sohn*
Ort:	*festlicher Abend im Lokal oder im heimischen Wohnzimmer, eine Feierstunde im Familienbetrieb*
Publikum:	*Familie, Freunde, Kollegen, Mitarbeiter*
Zeitpunkt:	*zu Beginn der Veranstaltung*
Ziel:	*Würdigung der erbrachten Leistung*
Stil:	*feierlich, herzlich*
Dauer:	*ca. 3 Minuten*

Lieber Stefan,

Einleitung mit einem Sprichwort, das auf seine Aussage hin geprüft wird

ich weiß, den Spruch „Es ist noch kein Meister vom Himmel gefallen" hast du inzwischen fast bis zum Erbrechen gehört. Trotzdem kann auch ich dir diese Volksweisheit nicht ersparen. Denn wir alle haben doch gesehen, wie schwer der Weg nach oben ist. Was man alles wissen und leisten muss, um Meister seines Fachs zu werden. Doch nun ist alles geschafft, du hältst den Meisterbrief in deinen Händen, den gerechten Lohn für so viel Fleiß und harte Arbeit in den letzten Jahren.

Im Hauptteil kommt der Redner schnell zu seinem Anliegen.

Du weißt, Mutter und ich hätten es gerne gesehen, wenn du studiert hättest. Aber du hast dich nun mal dafür entschieden, Schreiner zu werden. Und wir haben schnell eingesehen, dass du mit deiner Wahl Recht hattest. Denn sie ermöglicht dir, deine Kreativität voll auszuschöpfen. Mit deiner Hände Arbeit schaffst du bleibende Werte. Du siehst abends, was du den Tag über geleistet hast. Das zum Beispiel ist ein großer Vorteil gegenüber einem Büroberuf, wo du abends nach Hause gehst und das Gefühl hast, nur für die Nacht die Tretmühle verlassen zu haben.

Der Redner weist erst auf den Angesprochenen, dann auf sich.

Man kann auf alle Fälle sagen: Glücklicher und zufriedener als du kann niemand in seinem Beruf sein. Auch so gesehen hat Handwerk goldenen Boden, jedenfalls für dich.

Lehrjahre sind keine Herrenjahre, behauptet der immer wieder gern zitierte Volksmund. Danach müssten, wenn diese Regel stimmt, jetzt deine Herrenjahre beginnen. Schließlich darfst du jetzt Lehrlinge ausbilden. Herrenjahre – das klingt wie Beine hochlegen, Leute herumhetzen, vormittags Anweisungen geben, nachmittags zum Golf oder zum Reiten. Und immer einen dienstbaren Geist in der Nähe haben.

Ein Sprichwort leitet über zu einer These, die im Folgenden untersucht wird.

Wirkungspause einlegen am Schluss des Absatzes

Doch wie ich dich kenne, verstehst du den Begriff „Herrenjahre" ganz anders. Ich kann mir nicht vorstellen, dass du dich jetzt auf die faule Haut legst und die anderen arbeiten lässt. Das passt einfach nicht zu dir. Meister zu sein bedeutet für dich: Verantwortung tragen, Vorbild sein. Und: Weiterlernen, auf dem Laufenden bleiben.

Mit der erfolgreichen Meisterprüfung hast du dir außerdem Möglichkeiten geschaffen, von denen andere nur träumen können. Du bist damit ein gefragter Mann bei den verschiedensten Unternehmen. Gleichzeitig hast du aber auch die Chance, dich selbstständig zu machen. Mit anderen Worten: Die Zukunft steht dir offen. Und das ist in einer Zeit wie heute schon eine großartige Chance.

Ich bin sicher, du wirst, wie damals bei deiner Berufswahl, auch diesmal wieder die richtige Entscheidung treffen. Und falls du dich mit einem eigenen Betrieb selbstständig machst, bedaure ich schon jetzt, dass ich bei dir nicht mehr in die Lehre gehen kann. Denn die Lehrjahre bei dir sind zwar sicherlich auch keine Herrenjahre. Aber die Lehrlinge werden bei dir bestimmt eine Menge lernen. Weil du weißt, was eine gute Ausbildung wert ist. Und ich bin sicher, du würdest deinen Vater als deinen Azubi bestimmt nicht nur zum Bierholen schicken.

Überleitung zum Schluss, der noch einen Lacher provoziert

Der Redner wendet sich mit einem Augenzwinkern an den Adressaten.

Auch Meister fallen vom Himmel

Anlass: *ein Freund gratuliert zur Meisterprüfung*
Ort: *im Nebenzimmer einer Gaststätte, bei der privaten Feier zu Hause*
Publikum: *Freunde, Kollegen, Familie des neuen Meisters*
Zeitpunkt: *offen*
Ziel: *Würdigung des Freundes*
Stil: *heiter-beschwingt*
Dauer: *ca. 2 Minuten*

Lieber Hans,

Die Einleitung erklärt die Kompetenz des Redners.

wir kennen uns seit unserer gemeinsamen Lehrzeit, als wir nebeneinander am Schraubstock standen und Werkstücke millimetergenau zurechtfeilen mussten. Deswegen, denke ich, kann ich auch ganz gut beurteilen, was der heutige Tag für dich bedeutet: Damals haben wir beide über den Meister geflucht, weil er uns – wie wir fanden – immer nur schikaniert hat. Und jetzt bist du selber so einer aus dieser Kaste.

Im Hauptteil übt der Freund liebevoll Kritik.

Damals hast du immer gesagt, das machst du nicht mehr lange mit. Und wenn du mal Meister bist, wird alles ganz anders. Nun hast du es geschafft – mit Brief und Siegel. Und wie ich neulich im Betrieb mitbekommen habe, maulen die Lehrlinge über deinen Hang zum Perfektionismus. Du brauchst jetzt gar nicht abzuwinken. Du bist inzwischen genauso penibel, wie es unser Meister damals war. Aber so ist das nun mal im Leben: Mit der Zeit verändern sich die Perspektiven. Heute wissen wir beide, wie wichtig zum Beispiel Genauigkeit und Zuverlässigkeit sind. Aber wie bringt man das anderen bei? Und zwar so, dass ihnen die Ausbildung nicht wie ein Drill vorkommt?

Wirkungspause und abwehrende Handbewegung

Als wir beide noch nebeneinander in der Ausbildungswerkstatt standen, haben wir oft über unsere Zukunftspläne gesprochen. Für dich war immer klar, dass du eines Tages Meister sein würdest. Auch wenn es dir vielleicht manchmal schwer gefallen ist. Wenn ich zum Beispiel im Sommer baden gegangen bin, hast du noch weitergewerkelt. Wenn deine Freunde abends einen draufgemacht haben, hast du für die Prüfung gebüffelt. Da habe ich manchmal gedacht: Hans ist ein Streber. Was du natürlich nie warst. Du warst eben nur zielstrebiger als ich.

Der Redner würdigt die Leistung des Freundes.

Um dein Ziel zu erreichen, warst du bereit, viele Entbehrungen auf dich zu nehmen. Das zeichnet dich genauso aus wie die Ausdauer, die du bewiesen hast. Ich hätte sie nicht gehabt, deswegen habe ich auch rechtzeitig umgesattelt. Aber weil ich weiß, was du kannst und was in deinem Beruf gefordert ist, kann ich es – glaube ich – wirklich beurteilen: Du hast für dich die richtige Entscheidung getroffen. Und die vielen Nachwuchshandwerker, die du ausbilden wirst, haben richtig Glück – weil sie von dir wirklich viel lernen können. Nicht nur das blanke Handwerk, sondern auch was Einsatz, Durchsetzungskraft und Menschlichkeit angeht. Vor allem Geduld hat dir der liebe Gott, wie du immer wieder bewiesen hast, reichlich mitgegeben.

Zum Schluss lässt sich der Redner durch einen Lacherfolg belohnen.

Nun bist du Meister. Das war immer dein Traumziel. Aber ich kann mir nicht vorstellen, dass du dich jetzt zufrieden zurücklehnst und dich auf deinem Erfolg ausruhst. So wie ich dich und deinen Ehrgeiz kenne, hast du längst neue Ziele gesetzt. Vielleicht hast du jetzt ein bisschen Zeit für Hobbys. Wie wäre es zum Beispiel mit Fallschirmspringen? Dann würde wenigstens einer von uns beiden als Meister vom Himmel fallen.

Trauerfälle

Trauerfeier für den Vater

Anlass:	*Beerdigung des Vaters*
Ort:	*am Grab oder nach der Beerdigung bei der Trauerfeier in einem Lokal oder zu Hause*
Publikum:	*Familie, Freunde, alte Kollegen des Verstorbenen*
Ziel:	*Trost, Würdigung des Toten*
Stil:	*feierlich-getragen, dem Anlass entsprechend*
Dauer:	*ca. 3½ Minuten*

Liebe Mama, liebe Verwandte, liebe Trauergemeinde,

Gemessener, dem Anlass entsprechender Einstieg, eingeleitet mit einem Sprichwort, das eine geschickte Überleitung zum Hauptteil ermöglicht

ein Sprichwort aus dem alten Ägypten sagt: „Vertraue nicht auf die Länge der Jahre, das Leben gleicht einer Stunde. Aber was ein Mann war, bleibt nach seinem Tod übrig, und seine Taten werden zuhauf neben ihn gelegt."

Ich glaube nicht, dass Vater dieses Sprichwort kannte. Aber er hat so gelebt, dass wir heute einiges neben ihn legen können: Er war lange Jahre im Stadtrat und im Vorstand des Heimatvereins, er gehörte dem Kirchenrat unserer Gemeinde an. Und, das darf ich wohl ohne Übertreibung sagen, ohne ihn wäre die Neufassung der Chronik unserer Stadt ein Wunschtraum geblieben. Darüber hinaus fand jeder, der seinen Rat suchte, stets ein offenes Ohr bei ihm. Und wie ich mich erinnere, kamen viele. Sein Rat, seine Lebenserfahrung waren gefragt. Er hat das genossen und geholfen, wo er konnte.

Wirkungspause, damit die Zuhörer für sich zustimmen können

So, wie Sie ihn kannten, meine Damen und Herren, war er auch zu Hause. Er war ein liebevoller Ehemann und Vater. Die Familie ging ihm über alles. Er hat sich immer schützend vor uns gestellt, egal wie groß die Schwierigkeiten waren, in denen wir gerade steckten. Sicherlich war er manchmal streng zu uns Kindern. Oder, wie wir damals fanden: oft zu streng. Doch diese Haltung entsprang der Liebe. Er war der Ansicht, dass gewisse Regeln dem Leben erst den richtigen Rahmen geben. Er hat uns dies vorgelebt und uns in diesem Sinn erzogen. Seine Kinder sollten für das Leben gut gerüstet sein. Ich glaube, dieser Wunsch ist für ihn in Erfüllung gegangen. Ich bin ihm heute sehr dankbar für seine Art und versuche meine Kinder auf gleiche Weise zu erziehen.

Wirkungspause nach dieser zentralen Aussage

Nach dem Tod meines Vaters fand ich unter seinen Notizen auf seinem Nachttisch auch dieses Goethe-Zitat: „Mich lässt der Gedanke an den Tod in völliger Ruhe, denn ich habe die feste Überzeugung, dass unser Geist ein Wesen ist in ganz unzerstörbarer Natur; es ist Fortwirkendes von Ewigkeit zu Ewigkeit, es ist der Sonne ähnlich, die bloß unsern irdischen Augen unterzugehen scheint, die aber eigentlich nie untergeht, sondern unaufhörlich fortleuchtet.“ Das ist ein sehr tröstlicher Gedanke. Wahrscheinlich hat Vater es bewusst für uns dort hingelegt, um uns den Abschied leichter zu machen.

Wir danken Gott, dass er 75 Jahre alt werden durfte. Das ist scheinbar viel für ein Menschenleben. Aber zu wenig Zeit, wenn man bedenkt, was er noch alles vorhatte. Er wird uns sehr fehlen.

Direkte Ansprache der Trauergäste mit Überleitung zum Schluss

Ihnen, liebe Trauergäste, möchte ich im Namen meiner Familie herzlich danken, dass Sie so zahlreich erschienen sind, um meinem Vater das letzte Geleit zu geben. Ihre Anwesenheit gibt uns in dieser schweren Stunde das Gefühl, nicht allein zu sein. Das kam auch in den zahlreichen Beileidsbekundungen zum Ausdruck, mit denen Sie meines Vaters gedachten. Könnte er die große Trauergemeinde sehen und die guten Worte über ihn hören, er wäre stolz auf die Ehre, die Sie ihm erweisen.

Erinnerungen an eine fürsorgliche Mutter

Anlass:	*Beerdigung der Mutter*
Ort:	*nach der Beerdigung bei der Trauerfeier in einem Lokal oder zu Hause*
Publikum:	*Verwandte, Freunde, Bekannte*
Ziel:	*Trost, Würdigung der Toten*
Stil:	*getragen-feierlich, dem Anlass entsprechend*
Dauer:	*ca. 2 Minuten*

Liebe Familie, liebe Trauergäste,

Einleitung mit einem persönlichen Bekenntnis

es fällt mir schwer, in diesem Augenblick zu euch und zu Ihnen zu sprechen. Der Tod macht stille Leute, sagt ein Sprichwort. Wie wahr es ist, spüre ich in diesem Augenblick.

Dabei wäre es Mutter sicher nicht Recht, wenn sie uns hier mit Trauermiene sehen würde. Zwar wäre sie verwundert, wenn wir einfach so zur Tagesordnung übergingen. Aber ich glaube, sie würde bald einen kleinen Witz machen und uns wenigstens ein Lächeln ins Gesicht zaubern. Denn sie war ein fröhlicher Mensch, lebensbejahend. Ein Mensch, der auch über sich lachen konnte.

Wirkungspause nach dieser Personenbeschreibung

Beteiligung der Trauergäste an den letzten Tagen der Toten

In den letzten Tagen vor ihrem Tod habe ich, so oft es ging, mit ihr gesprochen. Sie hatte ihren Tod akzeptiert, der Tod gehörte für sie zum Leben. Dabei hat Mutter auch ihr Glaube geholfen. Auf ihrem Nachttisch lag ein Kreuz, das der Pfarrer ihr bei einem seiner Krankenbesuche gegeben hatte.

Sie war es, die mich tröstete – und nicht umgekehrt.

Wirkungspause nach dieser zentralen Aussage

Sie hatte Bilanz gezogen und sagte mir, dass sie mit ihrem Leben zufrieden sei. Aber nun sei es an der Zeit zu gehen, Mütter könnten nun mal nicht immer für ihre Kinder da sein.

Auch wenn die Kinder schon lange erwachsen sind, ist das schwer einzusehen. In den letzten Tagen hatte ich oft das Gefühl, ich sollte jetzt zum Telefonhörer greifen und sie anrufen – ohne Grund, einfach so. Die Erkenntnis, dass dies nicht mehr geht, ist bitter.

Überleitung zum Schluss, wieder mit einem persönlichen Bekenntnis

In einem Kondolenzbrief las ich ein schönes Zitat des Freiherrn von Zedlitz: „Wer im Gedächtnis seiner Lieben lebt, ist ja nicht tot, er ist nur fern."

Ich glaube, das stimmt.

Trauerfeier für den Sohn

Anlass:	*Beerdigung des Sohnes*
Ort:	*nach der Beerdigung bei der Trauerfeier im Restaurant oder zu Hause*
Publikum:	*Familie und Freunde*
Ziel:	*Trost, Würdigung des Toten*
Stil:	*getragen-feierlich, dem Anlass entsprechend*
Dauer:	*ca. 2 Minuten*

Liebe Familie, liebe Freunde,

es ist immer schwer, einen lieben Menschen zu Grabe zu tragen. Besonders schwer aber ist es, wenn Eltern Abschied nehmen müssen von ihrem Kind. Von einem Menschen also, der eigentlich sein ganzes Leben noch vor sich hatte. Der so voller Hoffnung war und vor Lebenslust sprühte.

Persönlich gehaltene Einleitung, die Betroffenheit besonders deutlich macht

Genau so war Markus. | Ich sehe ihn noch vor mir, wie er gleich nach der Geburt so ein zerknittertes Gesichtchen hatte, als ob das Leben gleich mit großen Sorgen beginnen würde. Nach wenigen Tagen waren die Falten weg und Markus ließ schon bald sein sonniges Gemüt erkennen.

Wirkungspause, damit sich die Trauergäste erinnern können

Natürlich war nicht immer alles Sonnenschein. Weder für Markus noch für uns. Das ist doch normal, wenn Kinder groß werden. Aber wir hatten immer ein schönes und enges Vertrauens-

Der Auftrag „Würdigung des Toten" wird mit einer Lebensbeschreibung erfüllt.

verhältnis. Markus hat uns von seinen Erfolgen und Freuden, aber auch von seinen große und kleinen Sorgen erzählt. Wir haben uns mit ihm gefreut, wir haben mitgelitten. Und wir waren glücklich, wenn wir helfen konnten.

Aber leider sind auch der Kraft der Eltern Grenzen gesetzt. Das haben wir jetzt so schmerzlich erfahren müssen. Es zerreißt einem schier das Herz, wenn man mit ansehen muss, wie das Liebste, was man hat, stirbt. Und zwar lange vor der Zeit.

Schluss wird mit einer rhetorischen Frage gestaltet.

Man sagt, wenn Vater oder Mutter sterben, stirbt gleichzeitig auch die Kindheit. Was aber sagt man, wenn das eigene Kind stirbt? Ich empfinde es so: Mit Markus ist ein Stück Zukunft gestorben.

Lebensrückschau

Anlass:	*Beerdigung des 73-jährigen Bruders*
Ort:	*Trauerfeier nach der Beerdigung in einem Lokal oder zu Hause*
Publikum:	*Hinterbliebene, Freunde, alte Kollegen*
Ziel:	*Trost für die Angehörigen*
Stil:	*ernst und gefasst*
Dauer:	*ca. 5 Minuten*

Liebe Anna, liebe Helga, lieber Bernd,

Die Einleitung ist sehr ausführlich und persönlich gehalten.

ich muss in den letzten Tagen immer an ein Gespräch denken, das dein lieber Mann, euer Vater, und ich vor wenigen Wochen geführt haben. Wir saßen bei euch auf der Veranda und sprachen über den Tod. Er wusste damals schon, wie es um ihn stand. Ich wollte meinem Bruder Mut machen, aber es war dann genau andersherum: Hermann war derjenige, der mich wieder aufbaute. Er habe keine Angst vor dem Tod, sagte er. Für ihn sei das nichts Bedrohliches, sondern so etwas wie ein Übergangsstadium in eine andere, bestimmt nicht schlechtere Welt, die Gott für uns geschaffen hat. Eine Welt, in der wir uns mit unseren Erfahrungen aus diesem Leben neu bewähren können. Für mich ist das eine tröstliche Vorstellung. Sie hilft mir, den Abschied von Hermann leichter zu ertragen.

Wirkungspause nach dieser zentralen Aussage

Ich weiß nicht, ob ihr seine Gedanken über den Tod kennt. Ich wünschte, dass sie euch ein ebensolcher Trost sein könnten wie für mich und euch die Zeit der Trauer um den Mann und den Vater ein wenig erleichtern.

Als wir damals beisammen saßen, sprach Hermann auch viel von dir, liebe Anna, von euch Kindern und seinen Enkeln. Es war deutlich zu spüren, wie glücklich und dankbar er war, dass er euch hatte, diese wunderbare Familie. Deine Liebe und Zuneigung, Anna, hat ihm all die Jahre, auch in schweren Zeiten, immer wieder neue Kraft und Zuversicht gegeben. Dass es zwischen euch, Helga und Bernd, und ihm so ein tiefes Einverständnis gab und dass ihr so geworden seid, wie ihr seid, hat ihn immer wieder gefreut und ihm viel bedeutet.

Der Redner erfüllt den Redeauftrag und spricht der Familie Trost zu.

Der Redner wendet sein Gesicht den direkt Angesprochenen zu.

Er war wirklich ein stolzer Vater. Die Liebe zu seinen Kindern hat er auch auf seine Schwiegerkinder übertragen. Und dass er in den letzten Jahren auch noch so viel von seinen Enkelkindern hatte und sie, wie Großväter so etwas nun mal gern tun, nach Herzenslust verwöhnen konnte, war für ihn ein großes Glück.

Bei unserem Gespräch damals wurde mir wieder einmal bewusst, was für ein Familienmensch mein Bruder immer war. Schon in jungen Jahren stand für ihn fest, dass er eine große Familie haben wollte. Und er war glücklich und dankbar dafür, dass er mit dir, liebe Anna, diese Vorstellung von seinem Leben verwirklichen konnte. Ihr alle wart, bei all seinem beruflichen Erfolg, immer das Wichtigste für ihn. Und so war, wie mir schien, am Ende nicht der Abschied vom Leben, sondern der Abschied von euch der Grund, warum es ihm so schwer gefallen ist zu gehen und warum er mir sagte, dass er gern noch ein bisschen länger gelebt hätte.

Der Redner beschreibt den Charakter des Toten.

Überleitung zum Schluss, wieder sehr ausführlich gehalten

Auch wir mussten Abschied nehmen. Jeder für sich. Eben auf dem Friedhof haben wir es gemeinsam getan. Und jetzt müssen wir versuchen, unser Leben ohne den Ehemann, den Vater und Großvater weiter zu führen. Und ich ohne den großen Bruder. Solange ich denken kann, war er immer da, hat mich rausgehauen, mich verteidigt, war Kumpel und Ratgeber mein Leben lang.

Der Redner wendet sich zum Schluss noch einmal den Hinterbliebenen zu.

Ich bin das erste Mal ohne ihn. Ihr Kinder macht die gleiche Erfahrung. Doch auch, wenn wir ihn nicht mehr bei uns haben, so ist er doch hier. Er wird unser – euer – Leben weiterhin begleiten. Da bin ich mir sicher. Denn mit seiner Art zu leben, zu handeln und zu denken hat er jeden von uns irgendwie geprägt und beeinflusst. Ich bin ja längst ein alter Mann, aber ich glaube, wenn ich mal nicht wissen sollte, wie ich mich entscheiden soll, werde ich mich fragen, was mein Bruder in dieser Situation wohl getan hätte. Vielleicht wird es euch ebenso gehen. Und so wird er auch in diesem Sinne in uns weiter leben.

Ein Freund der Familie spricht

Anlass:	*Tod einer Freundin*
Ort:	*Trauerfeier nach der Beerdigung in einem Lokal oder zu Hause*
Publikum:	*Familie der Freundin, deren Freunde*
Ziel:	*liebevolles gemeinsames Erinnern*
Stil:	*ernst und nachdenklich, teils mit heiterer Wehmut*
Dauer:	*ca. 3 Minuten*

Die Einleitung, in der die Anrede integriert ist, beginnt mit einem persönlichen Erlebnis.

Ich kannte Karin seit 20 Jahren. Als ich sie das erste Mal sah, stand sie in der Theaterpause im Foyer des Schauspielhauses und diskutierte gestenreich mit jemandem über das Stück. Das warst du, Paul. Ihr wart damals noch verlobt.

Ich hörte interessiert zu und sie bezog mich wie selbstverständlich in das Gespräch ein, fragte mich nach meiner Meinung. Das war typisch für sie: diese offene, unkomplizierte Art auf andere zuzugehen. Es fiel ihr leicht, neue Kontakte zu knüpfen.

Nach der Einleitung, die sich an den Partner der Toten richtet, wendet sich der Redner der Trauergemeinde zu.

Bei Karin war das aber nie etwas Oberflächliches, Unverbindliches. Wenn sie sagte „Wir telefonieren …“, dann rief sie wirklich an. Einfach nur so, nur um zu hören, wie es geht, was die Kinder machen. Oder ob der Ärger im Job, von dem ich ihr letztes Mal erzählt hatte, sich gelegt hat. Oft genug hatte sie dann einen sehr guten, besonnenen Ratschlag oder sie hat mich durch geduldiges Nachfragen dazu gebracht, das Problem von einer neuen, objektiveren Warte zu sehen.

Karin konnte etwas, was nur wenige so gut beherrschen: Sie verstand es, Menschen zusammenzubringen. Ihr habt all die Jahre ein offenes, gastfreundliches Haus geführt, lieber Paul. Bei euch habe ich immer wieder Leute kennen gelernt, die im Laufe der Zeit zu meinen Freunden wurden. Viele von ihnen sitzen heute hier beisammen. Das erste Mal ohne Karin.

Wenn sie jetzt hier wäre, würde sie wahrscheinlich irgendwann aufstehen, sich ans Klavier setzen und ein Stück von ihrem geliebten Mozart spielen. Und danach würden wir weiter zusammensitzen und bis tief in die Nacht reden, wie so oft. Das wird mir wirklich sehr fehlen.

Der Redner unterstreicht eine weitere, ihm wichtige Eigenschaft der Toten.

Wie muss es da dir erst gehen, Paul. Darum möchte ich dir sagen – und ich glaube, das kann ich im Namen von uns allen tun: Eure Freunde bleiben deine Freunde. Wir sind für dich da – jetzt, in dieser schweren Zeit und auch in Zukunft. Und wir werden Karin als die in Erinnerung behalten, die sie war: eine besondere Frau.

Der Redner wendet sich wie in der Einleitung an den Hinterbliebenen.

Anhang

Textbausteine

Es ist nicht leicht, eine individuelle Rede zu halten – etwa, wenn der Termin schon fast vor der Tür steht und nur wenig Zeit für die Vorbereitung bleibt. Oder wenn einem partout keine griffige Einstiegsmöglichkeit einfallen will. Doch zum Glück gibt es auch in diesen Fällen Hilfe: Textbausteine, aus denen sich eine Ansprache zusammenstellen lässt. Je nach Thema der Rede und Ihrer Rolle – Gastgeber oder Gast – wählen Sie einen Redeeinstieg, ein Mittelteil und eine Schlussformulierung und kreieren so Ihre Ansprache, eventuell ergänzt um eigene Ideen und Formulierungen. Die Mustertexte in diesem Kapitel beziehen sich auf die wichtigsten Anlässe im privaten Bereich; für jeden Redeteil finden Sie jeweils zwei Beispiele, die sich in praktisch allen Fällen miteinander kombinieren lassen.

Einstieg in die Rede

Wie Sie Ihre Rede beginnen, hängt immer davon ab, ob Sie als Gastgeber oder als Gast sprechen, ob offizielle Gäste dabei sind wie der Bürgermeister oder der Pfarrer, die Sie extra begrüßen sollten. Und natürlich spielt es eine Rolle, zu welchem Anlass Sie die Rede halten: zur Taufe, zur Feier des Abiturs oder des Examens, zur Konfirmation oder zur Hochzeit. Eine mehr oder minder offizielle Ansprache auf einem Fest, zu dem nicht nur familiäre Gäste geladen sind, könnte so beginnen:

„Sehr verehrte Damen und Herren, liebe Verwandte und Freunde, ich freue mich, dass eine so illustre Gesellschaft gekommen ist, um mit uns zu feiern. Besonders möchte ich den Herrn Bürgermeister

und den Herrn Pfarrer begrüßen. Ihre Anwesenheit rundet den würdigen Rahmen für diesen schönen Tag ab.“
Wenn Sie „nur“ im Familien- und Freundeskreis sprechen, gestalten Sie den Einstieg in Ihre Rede selbstverständlich persönlich und weniger formell.

Taufe

Liebe Verwandte und Freunde, am liebsten würde ich meine kleine Rede ganz unserem Täufling widmen. Aber er versteht noch nicht, welch wichtiges Ereignis er heute erlebt hat – dafür aber wir. Deswegen wollen wir einen Augenblick über diesen ebenso bedeutungsvollen wie fröhlichen Tag nachdenken.

❦

Liebe Gesine, lieber Uli, ihr habt mir als Patin (uns Paten) großes Vertrauen geschenkt, indem ihr mich (uns) an der Verantwortung für euer Kind teilhaben lasst. Dafür möchte(n) ich (wir) euch herzlich danken.

Konfirmation

Liebe Konfirmationsgäste, dies ist ein bedeutender Tag für uns alle und ganz besonders für dich, liebe Julia. Wie wichtig er ist, unterstreicht außerdem die Anwesenheit unserer Gemeindepfarrerin, Frau …, bei der ich mich besonders bedanken möchte.

❦

Lieber Sebastian, heute ist vielleicht das letzte Mal, dass du alle deine Paten auf einmal siehst. Das ist ein guter Grund, dass wir uns über den Sinn der Patenschaft und des Konfirmationsfestes noch einmal Gedanken machen.

Hochzeit

Liebe Claudia und lieber Michael, verehrte Hochzeitsgäste, wir feiern heute mit euch ein Brautpaar, das sich im wahrsten Sinn des Wortes gesucht und gefunden hat. Mutter und ich sind sehr glücklich darüber.

❦

Liebes Brautpaar, liebe Hochzeitsgäste, vorhin waren wir Zeuge, wie sich zwei Menschen das Jawort gegeben haben, die wirklich füreinander geschaffen sind. Warum, will ich euch gerne erklären.

Hochzeitsjubiläum

Liebes Jubelpaar, liebe Familie, liebe Freunde, wir freuen uns, dass wir mit euch heute das leider immer seltener gewordene Fest der Silberhochzeit feiern können.

❦

Verehrte Festgäste, liebe Familie, es ist ein wirklich außergewöhnliches und besonders schönes Fest, das wir heute feiern: die goldene Hochzeit von Maria und Jürgen. 50 Jahre Ehe – wenn das kein Anlass ist, dass alle zusammenkommen und miteinander feiern!

Geburtstag

Liebe Freunde, liebe Verwandte, als wir Kinder waren, haben wir jedem Geburtstag entgegengefiebert: endlich ein Jahr älter. Dann kamen Geburtstage, die haben wir so hingenommen, ohne sie besonders zu würdigen: schon wieder ein Jahr vorbei. Und dann gibt es Geburtstage, über die kann man nicht einfach so hinweggehen. Genau so einen feiern wir heute!

❦

Liebe Geburtstagsgäste, so alt wird kein Schwein, lautet ein flapsiger und etwas ungebührlicher Spruch, wenn einen Freunde oder Kollegen mit dem Alter auf die Schippe nehmen wollen. Oder sie sagen schon mal: Eine Langspielplatte zu schenken, lohnt sich eigentlich nicht mehr. Alles Blödsinn.

Einzug ins neue Haus, Wohnungseinweihung

Ich freue mich riesig, dass ihr alle gekommen seid. Denn ich kann mir nichts Schöneres vorstellen, als mit den liebsten Freunden unser neues Haus (unsere neue Wohnung) einzuweihen.

❦

Liebe Freunde, zwei Gründe sind es, die Ute und mich bewogen haben, euch alle zur „Premierenparty“ in unser neues Heim einzuladen: Erstens war es mal wieder höchste Zeit, in diesem Kreis zu feiern, und zweitens wollen wir die Freude über unsere eigenen vier Wände mit euch teilen.

Meister- oder Examensfeier

Liebe Verwandte und Freunde, wie schön, dass so viele von euch mit mir auf meinen Erfolg anstoßen möchten. Aber damit habe ich – ehrlich gesagt – gerechnet. Ich kenne euch schließlich, ihr seid überall dabei, wo es was zu feiern gibt. Und heute ist tatsächlich ein guter Anlass, um ein paar ausgelassene Stunden miteinander zu verbringen.

❦

Heute ist ganz offiziell die stressige Zeit der letzten Wochen und Monate vorbei, liebe Freunde. Für uns alle war es, wenn man so will, eine Phase der Prüfung (ganz besonders natürlich für meine liebe Kerstin), aber wir haben sie gut überstanden. Jetzt ist endlich Zeit zum Feiern – wir alle haben es verdient!

Trauerfeier

Verehrte Trauergäste, wir haben gerade einen Menschen zu Grabe getragen, der allen, die heute hier von ihm Abschied genommen haben, sehr viel bedeutet hat.

❦

Liebe Familie, liebe Freunde, es ist schwer, in diesem Augenblick die richtigen Worte zu finden. Wie drückt man Fassungslosigkeit aus? Wie den Schmerz, der uns alle quält?

Mittelteil der Rede

Taufe

Vor dem heutigen Festtag war unser Täufling sozusagen „nur“ ein Mitglied unserer kleinen Familie. Aber nun gehört er auch der großen Familie der Christen an. Selbstverständlich tragen wir als Eltern gemeinsam mit den Paten eine besondere Verantwortung. Doch ich bin mir sicher: Die Mitglieder der Gemeinde werden ebenfalls auf das Wohl des Kindes achten – und nicht nur die, die heute bei der Taufe in der Kirche waren. Das ist das Schöne an der christlichen Gemeinschaft, dass man, wenn man Rat und Hilfe braucht, sie auch bekommt. Und in dieser Gemeinschaft mit dem Glauben an Gott und seine Güte aufzuwachsen, ist das größte Geschenk, das wir unserem Täufling machen können.

❦

Noch merkt unser Kind – ich glaube, in diesem Fall darf ich „unser“ sagen – nicht, wie viele Menschen sich um es kümmern. Aber später, wenn es älter wird, wird es das Gefühl hoffentlich genießen. Das Verhältnis zu den Eltern ist natürlich etwas ganz Besonderes, es ist von Liebe und Vertrauen geprägt. Aber wir Paten haben versprochen, ebenfalls für das Wohl unseres Täuflings zu sorgen, ihn in seinem Glauben an Gott zu bestärken und in Zeiten der Not für ihn da zu sein. Diese schöne Aufgabe haben wir gern übernommen. Wir wollen versuchen, dieser Verantwortung gerecht zu werden – im Sinn der Eltern und im Sinn unseres „gemeinsamen“ Kindes. Wir freuen uns darauf.

Konfirmation

Wenn ich mir die Gesichter um mich herum anschaue, weiß ich, dass alle das Gleiche empfinden: Heute ist ein wahrer Festtag und du, liebe Katharina, bist der Mittelpunkt. Denn du hast heute ein Versprechen gegeben, nämlich Gott zu dienen und deinen Beitrag am Leben der Gemeinde zu leisten. Das wird nicht immer einfach sein, aber deine Eltern und Paten werden dich auch weiterhin unterstützen und dir helfen, wenn du sie um Rat fragst. Mit 14 Jahren kann man schließlich noch nicht alles wissen, auch nicht mit 18. Das können ja nicht einmal Erwachsene. Es ist also keine Schande, wenn du dich mit jemandem berätst, mit ihm deine Sorgen und Nöte besprichst. Und natürlich auch die schönen Erlebnisse. Um es kurz zu sagen: Wir möchten auch weiterhin gerne teilhaben an deinem Leben.

❦

Paten sind so etwas wie „Eltern light"‘. Sie haben Verantwortung für dich übernommen, ohne allerdings ständig in deiner Nähe zu sein. Sie begleiten dich mit Zuneigung, Liebe und Verständnis, wie du in den vergangenen Jahren erfahren hast. Von Paten ist meistens nur Gutes zu erwarten. Selten, dass sie, wie es so schön im Amtsdeutsch heißt, wie „Erziehungsberechtigte" auftreten. Genau das ist die gute Ausgangsbasis, um mit jedem einzelnen deiner Paten eine Freundschaft fürs Leben zu begründen. Darum möchte ich dich an diesem bedeutenden Tag bitten. Genauso, wie ich mir wünsche, dass du dich weiterhin in der Gemeinde so wohl fühlst wie bisher. Denn eigentlich ist es doch so: Wir, deine Eltern und Geschwister, deine Paten und die christliche Gemeinschaft sind doch alle wie eine große Familie.

Hochzeit

Anfangs dachte ich, die beiden passen doch gar nicht so recht zusammen, ihre Interessen sind doch viel zu unterschiedlich. Aber dieser Eindruck ist beim näheren Kennenlernen schnell verflogen, ihr zwei seid wirklich ein perfektes Paar. Und ich musste mir schon bald eingestehen: Meine Bedenken waren wieder mal die typischen Einwände eines Vaters, der sich viel zu viele Gedanken um die Zukunft seiner Kinder macht und dabei vergisst, dass diese Kinder längst erwachsen sind und genau wissen, was sie wollen und was gut für sie ist. Mutter war da ganz anders. Sie hat sofort gespürt, wie heftig es zwischen euch knistert und wie aus diesem Knistern eine dauerhafte, große Liebe wurde. Ist das die sagenhafte weibliche Intuition? Mutter hat gleich an euch und eure gemeinsame Zukunft geglaubt – und sie hat Recht gehabt. Wenn man sich dieses strahlende Brautpaar anschaut, liebe Hochzeitsgäste, werdet ihr einfach zustimmen müssen.

❦

Man muss sich die beiden doch nur mal anschauen. Dann sieht man, wie gut sie schon von der Größe her zusammen passen. Aber das und manches andere sind ja nur Äußerlichkeiten. Viel wichtiger ist, dass sie miteinander lachen können. Sich nur anschauen und genau wissen, was der andere denkt. Und dass sie, falls sie mal unterschiedlicher Meinung sind, Kompromisse schließen können, ohne dass sich einer benachteiligt fühlt. Die meisten von uns haben das bei euch beiden schon oft miterlebt und bewundern diese Kompromissfähigkeit sehr. Sie ist die vielleicht wichtigste Voraussetzung für eine Ehe, von der alle – vor allem die Eheleute selber – auch nach vielen Jahren immer noch sagen: Sie ist wirklich glücklich. Ihr habt heute den ersten Schritt dorthin gewagt, wir begleiten euch dabei.

Hochzeitsjubiläum

Neulich habe ich gelesen, dass in Deutschland fast 40 Prozent aller Ehen vor dem Scheidungsrichter enden. Wie viele Partner sich darüber hinaus ohne amtliche Hilfe trennen, ist nicht bekannt. Da seid ihr beide schon ein Paar mit Seltenheitswert: 25 Jahre verheiratet, eine tolle Leistung! Aber keine Sorge, wir wollen euch nicht als Rarität ausstellen. Es reicht ja, wenn wir heute mit euch und euren Kindern feiern. Und euch unserem Nachwuchs als leuchtendes Beispiel hinstellen. Ihr habt bestimmt auch zwischendurch eure Meinungsverschiedenheiten, aber nach draußen dringt davon so gut wie nichts. Ihr wirkt immer sehr harmonisch. Deswegen muss ich euch heute fragen: Wie macht ihr das? Verratet uns doch bitte euer Geheimrezept für eine glückliche Ehe. Ich glaube, ich darf das im Namen aller versprechen: Wir werden euer Rezept benutzen, das

Geheimnis bewahren – und es höchstens an unsere Kinder weitergeben. Damit wir auch Zukunft noch viele silberne Hochzeiten feiern können.

❦

Ein halbes Jahrhundert lebt ihr nun schon zusammen, es ist eine Ehe aus dem vorigen Jahrhundert. Ich gebe zu, das klingt so, als ob ihr schrecklich altmodisch seid. Das seid ihr nicht, darf ich euch versichern. Höchstens in einem Punkt: Dass ihr das große Ziel der goldenen Hochzeit geschafft habt. Ich glaube, alle hier teilen meinen Eindruck: An eine Scheidung denkt ihr nicht, auch wenn das immer mehr in Mode zu kommen scheint. Im Gegenteil! Ihr seid ein leuchtendes Beispiel für eine intakte Ehe und ein großes Vorbild, wie man in Würde und Harmonie gemeinsam alt wird. Und das in einer Zeit, in der immer mehr Menschen sich nach Geborgenheit und nach bleibenden Werten sehnen. Im Grunde seid ihr also genau das Gegenteil von altmodisch. Ihr seid, wie man heute auf Neudeutsch sagt, „Trendsetter", die hoffentlich viele Nachahmer finden.

Geburtstag

So ein runder Geburtstag stellt, ob wir es nun wollen oder nicht, einen Meilenstein im Leben dar. Ein Freund von mir hat seinen Fünfzigsten als den Übergang vom Mittelalter ins gepflegte Mittelalter bezeichnet. Das hat mir viel besser gefallen als der Spruch „Jetzt feiern wir dein Bergfest". Das klingt in meinen Ohren ziemlich uncharmant. Bedeutet es doch, dass es nunmehr nur noch bergab geht. Ich glaube, dass niemand so etwas an seinem Geburtstag gerne hört. Deshalb habe ich mir angewöhnt, an solchen Tagen lieber positiv Bilanz zu ziehen. In deinem Fall sieht sie so aus: Du hast eine Menge erreicht, auf das du mit Recht stolz sein darfst. Du hast dir viel Anerkennung erworben. Dein Freundeskreis ist immer größer geworden, wie wir heute Abend sehen. Und deine Freunde haben nur einen Wunsch – dir weiterhin viel Glück, Erfolg und Gesundheit zu wünschen und dich jetzt hochleben zu lassen.

So ein runder Geburtstag ist wirklich eine große Sache. Auch wenn andere irgendwelche Sprüche machen: Genieß diesen Tag und betrachte die schönen Seiten. Du hast in deinem Leben viel erreicht und musst nichts mehr beweisen. Das ist ein großer Vorteil. Du kannst jetzt alles gelassen angehen. Ich weiß, das ist nicht deine Art. Du regst dich bei verschiedenen Gelegenheiten nach wie vor gerne auf. Das darfst du gerne auch weiterhin tun, denn wir wollen dich auch in Zukunft so erleben, wie du schon immer warst. Deine Art macht dich so liebenswert. Dieser Geburtstag ist also kein Anlass, sich jetzt grundlegend zu ändern. Ganz im Gegenteil. Wir alle haben die Bitte: Bleib so, wie du bist und immer warst. So haben wir dich schätzen und lieben gelernt und wir möchten uns nun auch nicht mehr umgewöhnen.

Einzug ins neue Haus, Wohnungseinweihung

Wir haben lange überlegt, wie der Grundriss aussehen sollte, wie wir unsere Möbel stellen und was wir in unserem neuen Heim besser machen als bisher. Dabei habt ihr uns, liebe Freunde, sehr geholfen. Und zwar auf verschiedene Weise. Wenn wir bei euch eingeladen waren, haben wir uns immer wieder umgeschaut, was uns in euren Wohnungen besonders gefällt. Deswegen waren wir manchmal besonders neugierig und haben überall „rumgeschnüffelt“, wofür ich heute noch um Nachsicht bitten möchte. Und ihr habt uns alle mit Rat und Tat beigestanden, uns Tipps gegeben, auf Probleme und Tücken hingewiesen. Herzlichen Dank dafür. Manches von dem haben wir beherzigt, anderes haben wir nicht berücksichtigt. Das Ergebnis unserer – und eurer – Bemühungen könnt ihr heute besichtigen. Also macht es so, wie wir es bei euch getan haben: Schaut euch um und sagt uns anschließend, wie ihr unser Haus findet. Aber schaut bitte nicht zu kritisch; heute wollen wir nur Lob hören.

Mit einer neuen Wohnung ist es doch so: Wenn alles fertig eingerichtet ist, genießt man erstmal seine neue, schöne Umgebung für sich allein. Dann kommt der Punkt, an dem man feststellen möchte, wie weit das neue Heim auch „gästetauglich" ist. Einige von euch waren ja bereits hier und haben festgestellt, dass man bei uns ganz gut einen gemütlichen Abend verbringen kann. Doch den ultimativen Partytest machen wir heute mit unserer ersten großen Fete. Für so viele ist es zwar ein bisschen eng, aber der guten Stimmung tut das keinen Abbruch. Und weil ihr gerade so schön zuhört, möchte ich die Gelegenheit nutzen und mich – auch im Namen von Klaus (Ingrid) – für die vielen schönen und praktischen Dinge bedanken, die ihr zur Einweihung mitgebracht habt.

Meister- oder Examensfeier

In den vergangenen Monaten habe ich mich rar gemacht. Manche von euch hatten schon vorgeschlagen, ich sollte ihnen ein Foto von mir schenken, damit sie mich wiedererkennen könnten. Aber meine selbst gewählte Isolation hatte einen guten Grund, den ihr sicherlich alle verstehen werdet: Ich wollte meine Prüfung (mein Examen) mit der bestmöglichen Note ablegen. Das ist mir gelungen, ich bin jedenfalls zufrieden. Euer zahlreiches Erscheinen zeigt mir, dass ihr mich trotz meines zeitweisen „Rückzuges" nicht vergessen habt. Dafür danke ich euch.

❦

Es gibt kaum entscheidendere Eckpunkte im beruflichen Leben als die erfolgreiche Meisterprüfung (das bestandene Examen). Sie (Es) ist der krönende Abschluss der Ausbildung und die solide Grundlage für eine tolle Karriere. Vielleicht machst du dich selbstständig, vielleicht sammelst du erst mal als Angestellter Erfahrung. Wie auch immer du dich entscheidest, eins ist heute schon ganz klar: Jetzt stehen dir viele Türen offen. Wir alle hier sind gespannt, wie es weitergeht. Wer weiß, vielleicht sitzen wir schon bald wieder zusammen und feiern die Gründung deines eigenen Unternehmens.

Trauerfeier

Für uns alle ist der Tod von … ein großer Verlust. Aber für die Familie ist der Verlust natürlich noch viel größer. Er wiegt viel schwerer, als wir als Freunde und Verwandte ermessen können. Wir können nur versuchen, das Leid von euch, den nächsten Angehörigen, zu mildern. Und wir können uns an den Toten (die Tote) so erinnern, wie er (sie) zu Lebzeiten war: ein warmherziger Mensch, voller Güte und Hilfsbereitschaft. Diesen Mensch zu lieben, ist uns allen stets leicht gefallen. Das Andenken an … wollen wir bewahren und uns so oft wie möglich an ihn (sie) erinnern.

❦

Vielleicht ist es ein kleiner Trost, wenn wir uns vorstellen, dass … jetzt in eine bessere Welt eingegangen und von seinen Leiden erlöst worden ist. Ich weiß, dieser Gedanke hilft in diesem Augenblick wenig gegen die Trauer über den Verlust. Aber Trauer soll man nicht unterdrücken, sie ist ja auch ein Ausdruck von Liebe. Und Liebe verbindet uns alle mit dem Toten (der Toten). Liebe bis über den Tod hinaus – das ist kein leeres Wort. Wir erleben es in diesem Augenblick und dieses Gefühl wird uns auch in Zukunft begleiten. Nämlich in den Momenten, in denen wir uns an … erinnern, mit liebevollen Gedanken an unvergessliche gemeinsame Erlebnisse, an vergnügliche Momente oder auch daran, wie er (sie) in einer speziellen Situation reagiert hätte.

Schluss der Rede

Taufe

Ich glaube, nein, ich bin mir sicher, unser kleiner Täufling wird später genau so wie wir die Bedeutung des Glaubens erkennen und dementsprechend in der Gemeinde Verantwortung übernehmen. Darauf erhebe ich mein Glas.

❦

Ich bin mir sicher: Wenn wir alle uns bemühen, werden wir die große Aufgabe bewältigen. Auf die gesicherte Zukunft unseres Kindes.

Konfirmation

Wir, deine Eltern und deine Paten, sind deine Freunde, auf die du dich verlassen kannst – immer! Und wir bitten dich: Nimm dieses Angebot an. Selbst wenn du manchmal nicht ganz einverstanden bist mit dem, was wir dir raten.

❦

Heute hast du dich für Gott entschieden und bist als mündiges Mitglied in die Gemeinde aufgenommen worden. Im Konfirmationsunterricht hast du gelernt, was das bedeutet: Verantwortung auch für andere zu übernehmen, wie es deine Eltern und Paten für dich getan haben. Liebe(r) …, ich weiß, du wirst es genauso tun.

Hochzeit

Ich wünsche mir, dass das Glück und die Freunde, die die beiden heute ausstrahlen, auch in Zukunft bei ihnen bleiben. Darauf möchte ich jetzt mit euch anstoßen.

❦

Zum Schluss möchte ich noch einen persönlichen Wunsch äußern: Ich wünsche mir, dass ihr euer ganzes Leben so glücklich seid, in Gesundheit und Wohlstand lebt und freue mich schon auf das Fest eures ersten Ehejubiläums in einem Jahr – die papierene Hochzeit. Darauf lasst uns anstoßen.

Hochzeitsjubiläum

Ich spreche sicherlich im Namen aller, wenn ich mir wünsche: Bleibt bitte das glückliche, harmonische Paar, das ihr bisher wart. Wir wünschen euch noch viele weitere wunderschöne Ehejahre. Bis zum nächsten Hochzeitsjubiläum. Denn mit euch zu feiern, macht einfach Spaß!

❦

Ihr habt uns gezeigt, wie schön und harmonisch die Ehe sein kann. Eben ganz anders, als man es so häufig liest, wenn über Trennungen und Scheidungen berichtet wird. Herzlichen Dank dafür und die allerbesten Wünsche für die weiteren gemeinsamen Ehejahre.

Geburtstag

Darauf möchten wir mit dir anstoßen und noch einmal von Herzen alles Gute wünschen.

❦

Wir wünschen dir, dass alles in Erfüllung geht, was du erhoffst. Und danken dir für diesen wunderschönen Abend.

Einzug ins neue Haus, Wohnungseinweihung

Herzlichen Dank, dass ihr alle gekommen seid und uns helft, dass unser neues Heim mit dieser Party seine „Feuertaufe“ besteht. Jetzt ist es richtig eingeweiht.

❦

Uns allen wünsche ich viel Spaß heute Abend und guten Appetit. Wo das Büfett aufgebaut ist, habt ihr bestimmt schon alle entdeckt.

Meister- oder Examensfeier

Es gibt Zeiten, da arbeitet man nur. Und dann kommt die Zeit des Feierns. Nach so viel Stress ist heute endlich wieder so ein Feiertag und den wollen wir richtig genießen.

❦

Heute ist ein großer Tag, ein wahrer Festtag. Und den werden wir auch ausgelassen feiern. Ich möchte alle Anwesenden bitten, auf die Zukunft von … anzustoßen.

Trauerfeier

Euch, liebe Angehörige, möchte ich noch einmal sagen, wie sehr wir mit euch fühlen, wie sehr wir in Gedanken bei euch sind. Und wenn es eine Möglichkeit gibt, euch zu helfen, lasst es uns bitte wissen.

❦

Es steht zwar nicht genau so in der Bibel, aber ich glaube, dass die Erinnerung an den Toten ein Teil des ewigen Lebens ist. Und das ist doch nun wirklich ein tröstlicher Gedanke, dass … weiter bei uns sein wird.

Sprichwörter und Zitate

Über das Reden

Das Menschlichste, was wir haben, ist doch die Sprache, und wir haben sie, um zu sprechen.
Theodor Fontane

Wer gut reden will, muss erst gut nachdenken.
Sprichwort

Die Lust zu reden kommt zu rechter Stunde, und wahrhaft fließt das Wort aus Herz und Munde.
Johann Wolfgang Goethe

Redensarten sind gleichsam das Kleid der Gedanken.
Fürstenspiegel

Wo das Herz reden darf, braucht es keiner Vorbereitung.
Gottfried Ephraim Lessing

Taufe und Konfirmation

Alles wanket, wo der Glaube fehlt.
Friedrich Schiller

Ein Glaube ohne Tat ist ein Feld ohne Saat.
Sprichwort

Gebet ohne Andacht ist Leib ohne Seele.
Talmud

Gott ist nahe, wo die Menschen einander Liebe zeigen.
Johann Heinrich Pestalozzi

Gott ist überall im Weltalle sichtbar, und jene Augen, die ihn nicht wahrnehmen, sind wahrlich blind oder schwach.
Napoleon Bonaparte

Ich glaube einen Gott! Dies ist ein schönes, löbliches Wort, aber Gott anerkennen, wo und wie er sich offenbarte, das ist eigentlich die Seligkeit auf Erden.
Johann Wolfgang Goethe

Überall ist Gott zugegen.
Koran

Du hast Gott, was hast du für Not.
Sprichwort

Der Start ins Leben

Die Jugendjahre sind ein schöner, aber kurzer Traum.
Sprichwort

Das Wichtigste im Leben ist die Wahl eines Berufes.
Blaise Pascal

Ein Beruf ist das Rückgrat des Lebens.
Friedrich Nietzsche

Schlecht steht es um den Schüler, der seinen Meister nicht überflügelt.
Leonardo da Vinci

Niemand ist durch alle Schulen durch.
Sprichwort

Bilde dich selbst und dann wirke auf andere durch das, was du bist.
Wilhelm von Humboldt

Man gibt seine Kinder auf die Schule, dass sie still werden; auf die Hochschule, dass sie laut werden.
Jean Paul

Der echte Schüler lernt aus dem Bekannten das Unbekannte entwickeln und nähert sich dem Meister.
Johann Wolfgang Goethe

Die Jugend soll erwerben, was das Alter verzehrt.
Sprichwort

Besser ist's, man hat in der Jugend zu kämpfen als im Alter.
Gottfried Keller

Für das Können gibt es nur einen Beweis: das Tun.
Marie von Ebner-Eschenbach

Verlobung

Die Menschen leben nicht davon, dass sie für sich selbst sorgen; sie leben von der Liebe, die in dem Menschen ist. In wem Liebe ist, in dem ist Gott. Gott ist in ihm, weil er die Liebe ist.
Leo Tolstoi

Verliebte sehen in der Welt nur sich; doch sie vergessen, dass die Welt sie sieht.
August von Platen

Wer die Liebe hat, der hat das All.
Ernst Moritz Arndt

Wer ein Liebchen hat gefunden, die es treu und redlich meint, lohnt es ihr durch tausend Küsse.
aus einer Oper von Wolfgang Amadeus Mozart

Liebe ist ein Glas, das zerbricht, wenn man es zu unsicher oder zu fest fasst.
Sprichwort

Die Liebe hat zwei Töchter: die Güte und die Geduld.
Sprichwort

Die Liebe ist jene Flamme, welche die Götter den Sterblichen missgönnen, und die Eifersucht ist der fressende Geier, der den Diebstahl furchtbar rächt.
Ludwig Börne

Der liebt nicht, der die Fehler des Geliebten nicht für Tugenden hält.
Johann Wolfgang Goethe

Hochzeit

Heiraten, das heißt Nachtigallen zu Hausvögeln machen.
Christian Dietrich Grabbe

In einer guten Ehe fügen sich Himmel und Erde zusammen.
Sprichwort

Heiraten ist leicht, Haushalten schwer.
Sprichwort

Die Ehe ist ein Hafen im Sturm, öfters aber ein Sturm im Hafen.
Sprichwort

Die Frische der Jugend ist die wahre Grundlage der Ehe.
Wilhelm von Humboldt

Nicht rückhaltlose Offenheit ist die Basis einer guten Ehe, sondern kluge Zurückhaltung.
Volksweisheit

Die Ehe muss unablässig ein Ungeheuer bekämpfen, das alles verschlingt: die Gewohnheit.
Honoré de Balzac

Die gute Ehe ist wie ein ewiger Brautstand.
Theodor Körner

Ehen werden im Himmel geschlossen. Aber dass sie gut geraten, darauf wird dort nicht gesehen.
Marie von Ebner-Eschenbach

Im Ehestand muss man sich manchmal streiten, denn so erfährt man was voneinander.
Johann Wolfgang Goethe

Die Liebe allein versteht das Geheimnis, andere zu beschenken und dabei selbst reich zu werden.
Clemens Brentano

Die Ehe ist und bleibt die wichtigste Erlebnisreise, die der Mensch unternehmen kann.
Sören Kierkegaard

Eine gute Ehe beruht auf dem Talent zur Freundschaft.
Friedrich Nietzsche

Ehejubiläum

Ob zwei Leute gut getan haben, einander zu heiraten, kann man bei ihrer silbernen Hochzeit noch nicht wissen.
Marie von Ebner-Eschenbach

Die Liebe lebt von liebenswürdigen Kleinigkeiten, und wer sich eines Frauenherzens dauernd versichern will, der muss neu darum werben.
Theodor Fontane

Liebe ist das einzige, ewige Fundament der Bildung unserer Natur zur Menschlichkeit.
Johann Heinrich Pestalozzi

Die Ehe ist für die durchschnittlichen Menschen ausgedacht, welche weder der großen Liebe noch der großen Freundschaft fähig sind, für die meisten also: aber auch für jene ganz Seltenen, welche sowohl der Liebe als der Freundschaft fähig sind.
Friedrich Nietzsche

Die Ehe wird nicht glücklich durch Liebe – oft das Gegenteil, sondern durch Vernunft.
Jean Paul

Eheleute, die sich lieben, sagen sich tausend Dinge, ohne zu sprechen.
Sprichwort

Das Glück ist Liebe, die Lieb ist das Glück. Ich hab es gesagt und nehm's nicht zurück.
Adelbert von Chamisso

Die schönsten Erinnerungen sammelt man immer zu zweit.
Luise Rinser

Die Zeit bringt Rat. Erwartet's in Geduld! Man muss dem Augenblick auch was vertrauen.

Friedrich Schiller

Das vorige Jahr war immer besser.

Sprichwort

Eins, zwei, drei im Sauseschritt läuft die Zeit, wir laufen mit.

Wilhelm Busch

Wer im zwanzigsten Jahr nicht schön, im dreißigsten nicht stark, im vierzigsten nicht klug, im fünfzigsten nicht reich ist, der darf danach nicht hoffen.

Martin Luther

Das sicherste Zeichen des beginnenden Alters ist, dass man geschwind noch einige Jugendtorheiten begeht.

Lebensweisheit

Eilig schwindet die Zeit, unmerklich beschleicht uns das Alter.

Ovid

Nichts Schnelleres gibt's als die Jahre.

Ovid

Alles hat seine Zeit! Ein Spruch, dessen Bedeutung man bei längerem Leben immer mehr anerkennen lernt.

Johann Wolfgang Goethe

Alles ist nicht schlimm am Alter. Die Erfahrung krönt's mit mancher Weisheit, die der Jugend mangelt.

Friedrich Schiller

Alt werden heißt sehend werden.
Marie von Ebner-Eschenbach

Alter: Das ist immer noch das einzige Mittel, das man entdeckt hat, um lange leben zu können.
Daniel François Auber

Erfahrung ist das, was uns enthüllt, dass wir die Irrtümer der Jugend gegen die des Alters aufgegeben haben.
Ambroce Bierce

Wer nicht den Sinn seines Alters begreift, hat alles Unglück seines Alters.
Voltaire

Richtfest, neues Haus, Wohnungseinweihung

Haus ohne Mann, Haus ohne Rat; Haus ohne Frau, Haus ohne Staat.
Sprichwort

Liebe deinen Nachbarn, reiße aber den Zaun nicht ein.
Sprichwort

In seinem Hause ist selbst der Arme ein Fürst.
Talmud

Es gehört mehr zum Haushalt als vier Beine unter einem Tisch.
Sprichwort

O welche Zauber liegen in diesem kleinen Wort: Daheim.
Emanuel Geibel

Trauerfall

Wer im Gedächtnis seiner Lieben lebt, ist ja nicht tot, er ist nur fern!
Joseph Christian Freiherr von Zedlitz

Tod – eine Welt von Schmerzen liegt in diesem Worte.
Hans Christian Andersen

Der Tod macht stille Leute.
Sprichwort

Der Tod ist kein Abschnitt des Daseins, sondern nur ein Zwischenereignis, ein Übergang aus einer Form des endlichen Lebens in eine andere.
Wilhelm von Humboldt

Der Tod ist das Ende der Mühsal.
Friedrich Rückert

Gegen den Tod gibt es keine Dispens von Rom.
Molière

Was uns gesenkt in Traurigkeit, zieht uns mit süßer Sehnsucht nun von hinnen. Im Tode ward das ewge Leben kund, du bist der Tod und machst uns erst gesund.
Novalis

Vertraue nicht auf die Länge der Jahre, das Leben gleicht einer Stunde. Aber was ein Mann war, bleibt nach seinem Tode übrig, und seine Taten werden zuhauf neben ihn gelegt.
Lebensweisheit aus dem alten Ägypten

Die Erinnerung ist das einzige Paradies, woraus wir nicht vertrieben werden können.
Jean Paul

Vermeidbare Fehler

Keine inhaltsleeren Floskeln ...

So geht es fast jedem, der eine Rede halten möchte: Man ist versucht, auf scheinbar Bewährtes zurückzugreifen, auf Formulierungen und Redewendungen, die altbewährt oder gerade in Mode sind. Oder auf häufig (meistens zu häufig) gebrauchte Sprichwörter. Viele solcher Formulierungen kommen einem glatt über die Zunge, scheinen im ersten Moment elegant. Doch Vorsicht: Dabei handelt es sich nicht selten um Floskeln und Platitüden. Was im Gespräch vielleicht noch witzig oder wichtig klingt, kann in einer Rede leicht wie eine abgedroschene Phrase wirken und die gute Absicht zerstören. Das Ergebnis ist für den Redner wie auch für seine Zuhörer unbefriedigend. Die Ansprache erscheint dadurch flach und blutleer, das Persönliche kommt zudem zu kurz.

... keine Zoten ...

Auch auf Witze im Büttenreden-Stil und deftige Zoten sollte man ebenso verzichten wie auf Scherze, die auf Kosten von Frauen (Stichwort „Blondinenwitze"), Behinderten oder Minderheiten gehen. Solche „komischen" Einschübe sind einfach nur peinlich.

Wer nicht mehr jugendlich ist, sollte vermeintlich „flotte" Teenagersprüche nicht verwenden. Das wirkt schnell verkrampft. Ein Redner, der damit seine Jugendlichkeit betonen will, macht sich überdies lächerlich.

... und kein aufgesetztes Wortgeklingel.

Außerdem gilt es, „geschraubte" Formulierungen zu vermeiden. Solche Reden wirken gestelzt und werden dem privaten Charakter des Festes nicht gerecht. Typische Phrasen sind zum Beispiel „in der Tat" oder „Fakt ist ..." – Ausdrücke, die vor allem Politiker gebrauchen. Sie würden einem Geburtstagskind auch „nachhaltige" statt „lebenslange" Gesundheit wünschen. Oder etwa von der „sorgfältigen Erstellung des Grundrisses" fürs neue Haus sprechen, statt es einfach und schnörkellos auszudrücken: „Wir haben den Grundriss sorgfältig geplant."

Wichtig ist, schon bei der Vorbereitung der Rede an solche verbalen „Fallstricke" zu denken und das Manuskript daraufhin zu überprüfen. Freunde und Bekannte, die den Redeentwurf gegenlesen, sind dabei eine wertvolle Hilfe. Sie entdecken meist auch inhaltlich Unverständliches oder Unklares, das man selber – als Urheber des Textes – übersehen hat.

Abschließend einige Beispiele für Sprichwörter und Redewendungen, die Sie nicht verwenden sollten:

- „Glück und Glas – wie leicht bricht das." Dieses Redensart wurde schon zu oft gebraucht, um einer Rede noch etwas Originelles zu verleihen.
- „Heiraten ist kein Pferdekauf." Ein unzeitgemäßes und ungalantes Sprichwort, die Braut würde sich darüber bestimmt nicht freuen.
- „Kinder, Küche, Heim und Herd sind ein ganzes Leben wert." Ein Sprichwort, das aus der Zeit stammt, als noch nicht emanzipierte Frauen sich als größtes Glück nur ihre zufriedene Familie vorstellen konnten. Diesen Spruch kann man heute allenfalls ironisch verwenden.
- „Drum prüfe, wer sich ewig bindet, ob sich das Herz zum Herzen findet." Dieser Vers aus Schillers „Glocke" ist mittlerweile so abgenutzt, dass er in einer Rede zur Verlobung gelangweiltes Gähnen hervorruft. Die Verballhornung des Schiller-Reims „Drum prüfe, wer sich ewig bindet, ob sich nicht noch was Bessres findet" löst nicht mal mehr ein müdes Lächeln aus.
- „Verloben ist so ähnlich, als ob man zu Ostern ein Fahrrad bekommt, aber erst zu Weihnachten damit fahren darf: Klingeln erlaubt, das Radeln kommt später." Ein typische, leicht zotige Anspielung, die höchstens verlegenes Schmunzeln bewirkt.
- „Verloben bedeutet: Sichern und weitersuchen." Ein alberner Spruch, für Festreden nicht geeignet.
- „So jung treffen wir uns nicht wieder." Eine der beliebtesten Binsenweisheiten – das macht sie aber nicht besser.
- „Was lange währt, wird endlich gut." Diese Redensart kennt nun wirklich jeder, deshalb hat sie in einer Rede nichts zu suchen.

Sprichwörter sollen Ihre Rede „schmücken", nicht abwerten.

Keine Binsenweisheiten

- „Auch der Herbst hat seine schönen Seiten.“ Ebenfalls eine allseits bekannte Binsenweisheit und ziemlich abgedroschen.
- „Dieses Leben ist eins der schwersten und endet meistens tödlich.“ Das ist keine neue Erkenntnis und so alt, dass es keinesfalls witzig ist.
- „Die Seele baumeln lassen.“ Ein Ausdruck, der vor Jahren mal originell die perfekte Erholung beschrieb. Durch zu häufige Verwendung ist diese Formulierung längst verbraucht.
- „Prosit und alles Gute – vor allem im persönlichen Bereich.“ Sollen sich die Wünsche nur auf einen Teil des Lebens beziehen? Besser: Auf den Nachsatz verzichten.

Keine Bekenntnisse über Ihre Qualitäten als Redner

- „Ich bin kein guter Redner.“ Mit diesem vielleicht sogar richtigen Bekenntnis macht man sich ohne Not selber schlecht. Manchmal verwenden es Redner aus Eitelkeit, um hinterher mit Lob für ihre trotzdem gelungene Ansprache überhäuft zu werden. Eher peinlich.
- „Es ist eine besondere Herausforderung, hier und heute zu reden.“ Warum macht der Redner es sich und seinen Zuhörern unnötig schwer? Für die meisten ist das Reden in der Öffentlichkeit eine Herausforderung, die nicht extra erwähnt werden muss.

Register

Im FALKEN Verlag sind noch weitere Titel mit Musterreden erschienen:
Festliche und amüsante Reden zu Verlobung, Polterabend, Hochzeit (2296)
Humorvolle Hochzeitsvorträge (60144)
Reden und Vorträge zu runden Geburtstagen (60535)
Happy Birthday! Witzige Reden zum Geburtstag (60564)
Reden zur Geburt und Taufe (60637)
Reden im Verein (60638)
Reden in der Firma (60630)

Sie finden uns im Internet: **www.falken.de**

Dieses Buch wurde auf chlorfrei gebleichtem und säurefreiem Papier gedruckt.

Der Text dieses Buches entspricht den Regeln der neuen deutschen Rechtschreibung.

Erweiterte Ausgabe des bereits unter dem Titel „Moderne Reden für private Anlässe“ mit der ISBN 3-8068-1896-7 erschienenen Bandes.

ISBN 3 8068 2759 1

Umschlaggestaltung: Rincon² Design & Produktion GmbH, Köln
Gestaltung: Horst Bachmann
Redaktion: Winfried Schindler
Herstellung: Horst Bachmann

Satz: Raasch & Partner GmbH, Neu-Isenburg
Druck: Ludwig Auer GmbH, Donauwörth

817 2635 4453 6271